LA MONEDA DE VELLÓN

JUAN DE MARIANA

*Tratado y discurso sobre la moneda de vellón
que al presente se labra en Castilla y de algunos
desórdenes y abusos
escrito por el padre Juan de Mariana en idioma latino,
y traducido en castellano por él mismo.*

JUAN DE MARIANA

ÍNDICE

JUAN DE MARIANA

SOBRE EL AUTOR

Juan de Mariana S.I. (Talavera de la Reina, 1536 -Toledo, 16 de febrero de 1624) fue un jesuita, teólogo e historiador español.

La independencia de juicio de sus escritos y su criticismo le ocasionaron graves disgustos con el poder civil y eclesiástico.

Su *De rege et regis institutione* (Toledo, 1599), fue quemado en 1610 como subversivo por el parlamento de París tras el asesinato de Enrique IV de Francia y que escribió a petición del preceptor de Felipe III de España, García Loaysa; según sus acusadores, esta obra había dado legitimidad al tiranicidio, ya que su doctrina fue relacionada con el anterior asesinato de Enrique III de Francia por fray Jacobo Clemente en 1589; si bien Ravaillac, el asesino del rey francés

Enrique IV de Francia, declaró no conocer el libro. Asimismo, "marianos" eran llamados los revolucionarios franceses de 1789, que derrocaron la monarquía, en cuanto que seguidores del pensamiento de Juan de Mariana acerca de la legitimidad del tiranicidio. En base a ello muchos aducen que la "Mariana", símbolo de aquella revolución, deriva de esa circunstancia.

Este tratado, escrito con el fin de contravenir el naturalismo político de Maquiavelo, como había hecho cuatro años antes Pedro de Rivadeneyra en su *Princeps christianus adversus Nicholaus Machiavelum* (1595), expone cómo ha de ser una monarquía y los deberes del rey, que ha de subordinarse como cualquier vasallo a la ley moral y al estado, y la educación del príncipe cristiano, siguiendo de cerca las teorías de Erasmo de Rotterdam en su *Enchiridion*.

Propone como máximo valor de un monarca la virtud cardinal de la prudencia, en su sentido aristotélico, y sobre todo ha de impedir que los impuestos asfixien a las clases productoras del país.

Inspirándose en Santo Tomás de Aquino, justifica la revolución y la ejecución de un rey por el pueblo si es un tirano.

Fue encarcelado por un año y medio en Madrid, en 1607, por orden del mismo Felipe III y de su valido el Duque de Lerma a causa de su libro *De monetae mutatione*, cuarto de sus *Tractatus septem* (Colonia, 1609), que fue denunciado por las alusiones a los ministros que modificaron el peso de la moneda.

Su obra principal son los *Historiae de rebus Hispaniae libri XX (Toleti, typis P. Roderici, 1592)*. Una edición posterior más avanzada del propio recopilador es *De rebus Hispaniae libri XXX*, que se publicó en Maguncia en 1605. Durante este tiempo el autor ya había vertido la edición latina al español y ésta apareció completa en Toledo en 1601, conteniendo los treinta libros de la edición latina. La obra se extiende desde la más remota antigüedad hasta la época de los Reyes Católicos.

JUAN DE MARIANA

PRÓLOGO AL LECTOR

Dios nuestro señor quisiera, y sus santos, que mis trabajos fueran tales, que con ellos se hubieran servido mucho su majestad y todos estos reinos como lo he deseado; ningún otro premio ni remuneración apeteciera ni estimara sino que el Rey, nuestro señor, sus consejos y sus ministros leyeran con atención este papel en que van pintados, si no con mucho primor, lo menos mal que mis fuerzas alcanzan, algunas desórdenes y abusos que se debieran atajar con cuidado, en especial acerca de la labor de la moneda de vellón que hoy se acuña en Castilla, que ha sido la ocasión de acometer esta empresa y de tomar este pequeño trabajo. Bien veo que algunos me tendrán por atrevido, otros por inconsiderado, pues no advierto el riesgo que corro, y pues me atrevo a poner la lengua, persona tan particular y retirada, en lo que por juicio de hombres tan sabios y experimentados ha pasado; excusarme ha empero mi buen celo de este cargo, y que no diré cosa alguna por mi parecer particular, antes, pues todo el reino clama y gime debajo la carga, viejos y mozos, ricos y pobres, doctos e ignorantes, no es maravilla si entre tantos alguno se atreve a avisar por escrito lo que anda por las plazas, y de que están llenos los rincones, los corrillos y calles.

Cuando no sirva de otra cosa, yo cumpliré con lo que debe hacer una persona de la lección que hoy alcanzo, y por ella la experiencia de lo que en tantos siglos en el mundo ha pasado. La ciudad de Corinto, así lo cuenta Luciano, tuvo nuevas que Felipe, rey de Macedonia, venía sobre ella; turbáronse los ciudadanos, quién acudía a las armas, quién a los muros para fortificarlos, quién juntaba almacén, quién piedras o otros materiales. Diógenes, desde que vio la ciudad alborotada y que nadie le llamaba ni empleaba en cosa alguna, por tenerle todos por inútil, salió de la tinaja en que moraba y comenzó a rodarla cuestas arriba y cuestas abajo; y preguntándole qué era lo que hacía, que parecía se burlaba del mal y cuita común, respondió: *No es razón que sólo yo esté ocioso en tiempo que toda la ciudad anda alborotada y todos hacendados.*

De Solón escribe asimismo Plutarco en su Vida que en cierto alboroto que se levantó en Atenas, como quier que por su larga edad no pudiese ayudar en nada, púsose a la puerta de su casa armado con su lanza o pica en el hombro y su pavés en el brazo para que entendiesen que si las fuerzas faltaban, tenía muy presta la voluntad. Que el trompeta con avisar se descarga al tiempo del acometer y retirarse, bien que los soldados hagan lo contrario de lo que significa la señal, así lo dice Ezequiel.

De esto mismo servirá por lo menos este papel, después de cumplir con mi conciencia, de que entienda el mundo (ya que unos están impedidos de miedo, otros en hierros de sus pretensiones y ambición, y algunos con dones tapada la boca y trabada la lengua) que no falta en el reino y por los rincones quien vuelva por la verdad y avise los inconvenientes y daños que a estos reinos amenazan si no se reparan las causas. Finalmente, saldré en público, haré ruido con mi mensaje, diré lo que, siento, valga lo que valiere, podrá ser que mi diligencia aproveche, pues todos desean acertar, y yo que esta mi resolución se reciba con la sinceridad con que de mi parte se ha tomado. Así lo suplico yo a la majestad del cielo, y a la de la tierra que está en su lugar, a los ángeles y santos, a los hombres de cualquier estado y condición que sean, que antes de condenar nuestro intento ni sentenciar por ninguna de las partes, se sirvan leer con atención este papel y examinar bien la causa de que se trata, que a mi ver es de las más importantes que de años atrás se ha visto en España.

1.- SI EL REY ES SEÑOR DE LOS BIENES PARTICULARES DE SUS VASALLOS

Muchos extienden el poder de los reyes y le suben más de lo que la razón y el derecho pide; unos por ganar por este camino su gracia y por la misma razón mejorar sus haciendas, ralea de gentes la más perjudicial que hay en el mundo, pero muy ordinaria en los palacios y cortes; por tener entendido que por este camino la grandeza real y su majestad se aumentan, en que consiste la salud pública y particular de los pueblos, en lo cual se engañan grandemente, porque como la virtud, así también el poderío tiene su medida y sus términos, y si los pasa, no sólo no se fortifica, sino que se enflaquece y mengua; que, según dicen graves autores, el poder no es como el dinero, que cuanto uno más tiene, tanto es más rico, sino como el manjar comparado con el estómago, que si le falta y si se le carga mucho se enflaquece; y es averiguado que el poder de estos reyes cuando se extiende fuera de sus términos, tanto degenera en tiranía, que es género de gobierno no sólo malo, sino flaco y poco duradero, por tener por enemigos a sus vasallos mismos, contra cuya indignación no hay fuerza ni arma bastante. A la verdad que el rey no sea señor de los bienes de cada cual ni pueda, quier que a la oreja le barboteen sus palaciegos, entrar por las casas y heredamientos de sus ciudadanos y tomar y dejar lo que su voluntad fuere, la misma naturaleza del poder real y origen lo muestran.

La república, de quien los reyes, si lo son legítimos, tienen su poder, cuando los nombró por tales, lo primero y principal, como lo dice Aristóteles, fue para que los acaudillasen y defendiesen en tiempo de guerra; de aquí se pasó a entregarles el gobierno en lo civil y criminal, y para ejercer estos cargos con la autoridad y fuerzas convenientes les señaló sus rentas ciertas y la manera cómo se debían recoger. Todo esto da señorío sobre las rentas que le señalaron y sobre otros heredamientos que, o él cuando era particular poseía, o de nuevo le señalaron y consignaron del común para su sustento; mas no sobre lo demás del público, pues ni el que es caudillo en la guerra y general de las armadas ni el que gobierna los pueblos puede por esta razón disponer de las haciendas de particulares ni apoderarse de ellas. Así entre las *Novelas*, no ha de decirse así, en el capítulo *Regalía*, donde se dicen y recogen todos los derechos de los reyes no se pone tal señorío como éste; que si los reyes fueran señores de todo, no fuera tan reprendida Jezabel ni tan castigada porque tomó la viña de Nabot, pues tomaba lo suyo o de su marido que le compelía como a rey; antes Nabot hubiera hecho mal en defendérselo. Por lo cual es común sentencia entre los legistas, capítulo Si *contra jus vel utilitatem publicam*, 1. fin. *De jurisdict.*, y lo trae Panormitano en el capítulo 4.° *De jur. jur.*, que los reyes sin consentimiento del pueblo no pueden hacer cosa alguna en su perjuicio, quiere decir, quitarle toda su hacienda o parte de ella.

A la verdad, no se diera lugar en los tribunales para que el vasallo pudiera poner demanda a su rey si él fuera señor de todo, pues le podían responder que si algo le habían quitado no le agraviaban, pues todo era del mismo rey, ni comprara la casa o la dehesa cuando la quiere, sino la tomara como suya. No hay para qué dilatar más este punto por ser tan asentado y tan claro, que ningunas tinieblas de mentiras y lisonjas serán parte para escurecerlo. El tirano es el que todo lo atropella y todo lo tiene por suyo; el rey estrecha sus codicias dentro de los términos de la razón y de la justicia, gobierna los particulares, y sus bienes no los tiene por suyos ni se apodera de ellos sino en los casos que le da el mismo derecho.

2.- SI EL REY PUEDE CARGAR PECHOS SOBRE SUS VASALLOS SIN CONSENTIMIENTO DEL PUEBLO

Algunos tienen por grande sujeción que los reyes, cuanto al poner nuevos tributos, pendan de la voluntad de sus vasallos, que es lo mismo que no hacer al rey dueño, sino al común; y aún se adelantan a decir que si para ello se acostumbra llamar a Cortes, es cortesía del príncipe, pero si quisiese, podría romper con todo y hacer las derramas a su voluntad y sin dependencia de nadie conforme a las necesidades que se ofrecieren. Palabras dulces y engañosas y que en algunos reinos han prevalecido, como en el de Francia, donde refiere Felipe Comines, al fin de la vida que escribió de Luis XI de Francia, que el primero que usó de aquel término fue el príncipe de aquel reino, que se llamó Carlos VII. Las necesidades y aprietos eran grandes; en particular los ingleses estaban apoderados de gran parte de Francia; granjeó los señores con pensiones que les consignó a cada cual y cargó a su placer al pueblo. Desde el cual tiempo dicen comúnmente que los reyes de Francia salieron de pupilaje y de tutorías, y yo añado que las largas guerras que han tenido trabajada por tantos años a Francia en este nuestro tiempo todas han procedido de este principio. Veíase este pueblo afligido y sin substancia; parecioles tomar las armas para de una vez remediarse con la presa o acabar con la muerte las necesidades que padecían, y para esto cubrirse de la capa de religión y colorear con ella sus pretensiones.

Bien se entiende que presta poco lo que en España se hace, digo en Castilla, que es llamar los procuradores a Cortes, porque los más de ellos son poco a propósito, como sacados por suertes, gentes de poco ajobo en todo y que van resueltos a costa del pueblo miserable de henchir sus bolsas; demás que las negociaciones son tales, que darán en tierra con los cedros del Líbano. Bien lo entendemos, y que como van las cosas, ninguna querrá el príncipe a que no se rindan, y que sería mejor para excusar cohechos y costas que nunca allá fuesen ni se juntasen; pero aquí no tratamos de lo que se hace, sino de lo que conforme a derecho y justicia se debe hacer, que es tomar el beneplácito del pueblo para imponer en el reino nuevos tributos y pechos.

No hay duda sino que el pueblo, dice el historiador citado, debe siempre mostrar voluntad de acudir a la de su rey y ayudar conforme lo pidiesen las necesidades que ocurren; pero también es justo que el príncipe oiga a su pueblo y se vea si en él hay fuerza y substancia para contribuir y si se hallan otros caminos para acudir a la necesidad, aunque toquen al mismo príncipe y a su reformación, como veo que se hacía antiguamente en las Cortes de Castilla. Digo pues que es doctrina muy llana, saludable y cierta que no se pueden poner nuevos pechos sin la voluntad de los que representan el pueblo. Esto se prueba por lo que acabamos de decir, que si el rey no es señor de los bienes particulares, no los podrá tomar todos ni parte de ellos sino por voluntad de cuyos son. Item, si, como dicen los juristas, ninguna cosa puede el rey en perjuicio del pueblo sin su beneplácito, ni les podrá tomar parte de sus bienes sin él, como se hace por vía de los pechos. Demás que ni el oficio de capitán general ni de gobernador le da esta autoridad, sino que pues de la república tiene aquellos cargos, como al principio señaló el costeamiento y rentas que le parecieron bastantes para ejercerlos; así, si quiere que se las aumenten, será necesario que haga recurso al que se las dio al principio.

Lo cual, dado que en otro reino se permitiera, en el nuestro está por ley vedado, fecha y otorgada a pedimento del reino por el rey don

Alonso el Onceno en las Cortes de Madrid, año de

1329, donde la petición 68 dice así: «Otrosí que me pidieron por merced que tenga por bien de les no echar ni mandar pagar pecho desaforado ninguno especial ni general en toda la mi tierra sin ser llamados primeramente a Cortes e otorgado por todos los procuradores que vinieren: a esto respondo que lo tengo por bien e lo otorgo.» Felipe de Comines, en el lugar ya citado por dos veces generalmente dice en francés: «Por tanto, para continuar mi propósito no hay rey ni señor en la tierra que tenga poder sobre su estado de imponer un maravedí sobre sus vasallos sin consentimiento de la voluntad de los que lo deben pagar, sino por tiranía y violencia»; y añade poco más adelante «que tal príncipe, demás de ser tirano, si lo hiciere será excomulgado» , lo cual ayuda a la sexta excomunión puesta en la *bula In Cæna Domini*, en que descomulga a los que en sus tierras imponen nuevos pechos, unas bulas dicen: «sin tener para ello poder»; otras «fuera de los casos por derecho concedidos»; de la cual censura no sé yo cómo se puedan eximir los reyes que lo contrario hacen, pues ni para ello tienen poder ni por derecho les es permitido esta demasía; que como el dicho autor fue seglar y no persona de letras, fácilmente se entiende que lo que dice por cosa tan cierta lo pone por boca de los teólogos de su tiempo, cuyo parecer fue el suyo.

Añado yo más, que no sólamente incurre en la dicha excomunión el príncipe que con nombre de pecho o tributo hace las tales imposiciones, sino también con el de estanque y monipodio sin el dicho consentimiento, pues todo se sale a una cuenta, y por el un camino y por el otro toma el príncipe parte de la hacienda de sus vasallos, para lo cual no tiene autoridad. En Castilla de unos años a esta parte se han hecho algunos estanques de los naipes , del solimán, de la sal, en lo cual no me meto, antes los tengo por acertados; y de la buena conciencia del rey, nuestro señor, de memoria, don Felipe II, se ha de creer que alcanzó el consentimiento de su reino; sólo pretendo probar que lo mismo es decir poner estanques que pechos y que son menester los mismos requisitos. Pongamos ejemplo para que esto se entienda. En Castilla se ha pretendido poner cierto pecho sobre la harina; el reino hasta ahora ha representado graves dificultades. Claro está que por vía de estanque si el rey se apoderase de todo el trigo del reino, como se hace de toda la sal, lo podría vender a dos reales más de lo ordinario, con que se sacaría todo el interés que se pretende y aún más, y que sería impertinente pretender no puede echar pecho sin el acuerdo dicho, si por éste u otro camino se puede sin él salir con lo que se pretende. Por lo menos de todo lo dicho se sigue que si no es lícito poner pecho, tampoco lo será hacer esta manera de estanques sin voluntad de aquellos en cuyo perjuicio redundan.

3.- EL REY NO PUEDE BAJAR LA MONEDA DE PESO O DE LEY SIN LA VOLUNTAD DEL PUEBLO

Dos cosas son aquí ciertas: la primera, que el rey puede mudar la moneda cuanto a la forma y cuños, con tal que no la empeore de como antes corría, y así entiendo yo la opinión de los juristas que dice puede el príncipe mudar la moneda. Las casas de la moneda son del rey, y en ellas tiene libre administración, y en el capítulo *Regalía*, entre los otros provechos del rey, se cuenta la moneda; por lo cual, como sea sin daño de sus vasallos, podrá dar la traza que por bien tuviere. La segunda, que si aprieta alguna necesidad como de guerra o cerco, la podrá por su voluntad abajar con dos condiciones; la una que sea por poco tiempo, cuanto durare el aprieto; la segunda, que pasado el tal aprieto, restituya los daños a los interesados.

Hallábase el emperador Federico sobre Faenza un invierno; alargose mucho el cerco, faltole el dinero para pagar y socorrer la gente, mandó labrar moneda de cuero, de una parte su rastro, y por revés las águilas del imperio; valía cada una un escudo de oro. Claro está que para hacerlo no pudo juntar ni juntó la dieta del imperio, sino por su voluntad se ejecutó; y él cumplió enteramente, que trocó a su tiempo todas aquellas monedas en otras de oro. En Francia se sabe hubo tiempo en que se labró moneda de cuero con un clavito de plata en medio; y aún el año de 1574, en un cerco que se tuvo sobre León de Holanda, se labró moneda de papel. Refiérelo Budellio en el lib. 1 *De Monet.*, cap. 1.º, núm. 34. Todo esto es de Colenucio en el lib. IV de la *Historia de Nápoles*.

La dificultad es si sin estas modificaciones podrá el príncipe socorrerse con abajar las monedas, o si será necesario que el pueblo venga en ello. Digo que la opinión común y cierta de juristas con Ostiense, en el título *Da censib. ex quibus*, Inocencio y Panormitano, sobre el cap. 4.º *De jur. jur.*, es que para hacerlo es forzosa la aprobación de los interesados. Esto se deduce de lo ya dicho, porque si el príncipe no es señor, sino administrador de los bienes de particulares, ni por este camino ni por otro les podrá tomar parte de sus haciendas, como se hace todas las veces que se baja la moneda, pues les dan por más lo que vale menos; y si el príncipe no puede echar pechos contra la voluntad de sus vasallos ni hacer estanques de las mercadurías, tampoco podrá hacerlo por este camino, porque todo es uno y todo es quitar a los del pueblo sus bienes por más que se les disfrace con dar más valor legal al metal de lo que vale en sí mismo, que son todas invenciones aparentes y doradas, pero que todas van a un mismo paradero, como se verá más claro adelante. Y es cierto que como a un cuerpo no le pueden sacar sangre, sea a pausas, sea como quisieren, sin que se enflaquezca o reciba daño, así el príncipe, por más que se desvele, no puede sacar hacienda ni interés sin daño de sus vasallos, que donde uno gana, como citan de Platón, forzosamente otro pierde.

Así hallo en el cap. 4.° *De jur. jur.* que el papa Inocencio III da por ninguno el juramento que hizo el rey de Aragón don Jaime el Conquistador por conservar cierta moneda por un tiempo que su padre el rey don Pedro II labró baja de ley; y entre otras causas apunta esta: porque hizo el tal juramento *sine populi consensu,* sobre la cual palabra Panormitano e Inocencio notan lo que de suso se dijo, que ninguna cosa que sea en perjuicio del pueblo la puede el príncipe hacer sin consentimiento del pueblo (llámase perjuicio tomarles alguna parte de sus haciendas). Y aún sospecho yo que nadie le puede asegurar de incurrir en la excomunión puesta en la bula de la Cena; pues, como dije de los estanques, todas son maneras disfrazadas de ponerles gravezas y tributos y desangrarlos y aprovecharse de sus haciendas. Que si alguno pretende que nuestros reyes tienen costumbre inmemorial de hacer esta mudanza por sola su voluntad, digo que no hallo rastro de tal costumbre, antes todas las leyes que yo hallo en esta razón de los Reyes Católicos, del rey don Felipe II y de sus antecesores, las más muy razonables, se hallará que se hicieron en las Cortes del reino.

4.-DE LOS VALORES QUE TIENE LA MONEDA

Dos valores tiene la moneda, el uno intrínseco natural, que será según la calidad del metal y según el peso que tiene, a que se llegará el cuño, que todavía vale alguna cosa el trabajo que se pone en forjarla; el segundo valor se puede llamar legal y extrínseco, que es el que el príncipe le pone por su ley, que puede tasar el de la moneda como el de las demás mercadurías. El verdadero uso de la moneda y lo que en las repúblicas bien ordenadas se ha siempre pretendido y practicado es que estos valores vayan ajustados, porque como sería injusto en las demás mercadurías que lo que vale ciento se tase por diez, así es en la moneda. Trata este punto Budellio, lib I, núm. *De monet.*, capítulo 67 y otros, que todos llaman la contraria opinión irrazonable, ridícula y pueril; que si es lícito apartar estos valores, lábrenla de cuero, lábrenla de cartones o de plomo, como en ocasiones se hizo, que todo se saldrá a una cuenta y será de menos costa que de cobre.

Yo no soy de parecer que el príncipe esté obligado a acuñar el metal a su costa, antes siento, y está muy puesto en razón, que por el cuño se añada algún poco al valor natural y toda la costa que tiene el acuñar, y no sería muy injusto que por el señoreaje quedase algún poquito de ganancia al príncipe, como lo dispone la ley que en esta razón se hizo en Madrid, año 1536, acerca de acuñar los cuartillos, y aún Inocencio sobre el cap 4.º *De jur. jur.* lo da a entender, si no lo dice claramente. Pero digo y me afirmo en esto, que estos valores deben ir muy ajustados. Esto se saca de Aristóteles, lib. I *De las políticas*, capítulo 6.º, donde dice que al principio los hombres trocaban unas cosas por otras; después de común consentimiento se convinieron en que el trueque sería a propósito si se hiciese con estos metales de hierro y oro en que excusaban los portes de las mercadurías pesadas y de lejanas tierras. Así trocaban una oveja por tantas libras de cobre, un caballo por tantas de plata. Hallábase dificultad de pesar cada vez el metal, e introdújose que con autoridad pública se señalase, para que conforme a la señal se entendiese qué peso tenía cada pedazo.

Éste fue el primer uso y más legítimo de la moneda; todas las demás invenciones y trazas salen de lo que conviene y de lo antiguo. Así se verá por nuestras leyes por dejar las antiguas; y que siempre se tuvo respecto a ajustar estos valores de plata y oro no hay duda, porque de un marco de plata se acuñan por ley del reino sesenta y siete reales, y el marco mismo sin labrar vale por las mismas leyes sesenta y cinco reales; de suerte que por el cuño y señoreaje sólo se les añaden dos reales, por donde cada real tiene de plata casi treinta y tres maravedís. De un marco de oro se acuñan sesenta y ocho coronas; poco menos vale el oro en pasta, y por él le labran.

Vengamos a la moneda de vellón en que parece hay mayor dificultad. Digo que por ley de los Reyes Católicos, hecha en Medina del Campo, año de 1497, se mandaron labrar de un marco de cobre, en que entran siete granos de plata, que es como real y medio, noventa y seis maravedís; en lo cual se ve que el dicho marco lleva cincuenta y un maravedís de plata y el valor de ocho onzas de cobre y la labor, que por lo menos montaba más de otros cuarenta maravedís, por donde el valor legal se ajustaba mucho con el natural del metal y cuño. Y adelante, el rey Felipe II en el año 1560 en Madrid, estableció por ley que a un marco de cobre se mezclasen cuatro granos, que es como peso de un real, y se acuñasen ciento diez maravedís; de manera que bajó en los quilates medio real, y en valor subió catorce maravedís. Debió de tener consideración a que las costas de la labor eran crecidas, después de los Reyes

Católicos más de al doble, y demás de esto a que se hiciese alguna granjería, con la cual, aunque harto pequeña, alentados muchos, ganaron licencias para labrar la dicha moneda, labor de que sacaron grandes cuantías de maravedís, y aún fue una de las granjerías más gruesas de nuestros tiempos. Pero todavía se ve que poco discrepaba el valor legal del natural, pues el marco llevaba un real de plata y lo que valía el cobre y la costa de acuñarle, que debía de ser más de sesenta maravedís o al pie de ellos, mayormente que de ordinario se acuñaban blancas, cosa prolija y enfadosa.

En la moneda que al presente se labra no se mezcla plata ninguna, y de un marco de cobre se acuñan doscientos ochenta maravedís; la costa que tiene de labrar es un real, la del cobre cuarenta y seis maravedís, que todo llega a ochenta maravedís; de suerte que en cada marco se gana doscientos maravedís, que es de siete partes las cinco, y en la misma cantidad se aparta el valor legal del valor natural o intrínseco de la moneda dicha, daño que es contra la naturaleza de la moneda, como queda deducido, y que no se podrá llevar adelante. Demás que de todas partes la gente la falseará alentada con tan grande ganancia; porque estos valores forzosamente con tiempo se ajustan, y nadie quiere dar por la moneda más del valor intrínseco que tiene, por grandes diligencias que en contrario se hagan. Veamos, ¿podría el príncipe salir con que el sayal se vendiese por terciopelo, el veintedoceno por brocado? No por cierto, por más que lo pretendiese y que cuanto a la conciencia fuese lícito; lo mismo en la mala moneda. En Francia muchas veces han bajado los sueldos de ley; por el mismo caso subían nuestros reales, y los que se gastaban por cuatro sueldos en mi tiempo llegaron a valer siete y ocho, y aún creo que llegaron a más; que si baja el dinero del valor legal, suben todas las mercadurías sin remedio, a la misma proporción que abajaron la moneda, y todo se sale a una cuenta, como se verá adelante más en particular.

5.- EL FUNDAMENTO DE LA CONTRATACIÓN ES LA MONEDA, PESOS Y MEDIDAS

No hay duda sino que el peso, medida y dinero son el fundamento sobre que estriba toda la contratación y los nervios con que ella toda se traba, porque las más cosas se venden por peso y medida, y todas por el dinero. Lo que pretendo decir aquí es que cómo el cimiento del edificio debe ser firme y estable, así los pesos, medidas y moneda no se deben mudar, porque no bambolee y se confunda todo el comercio. Esto tenían los antiguos bien entendido, que para mayor firmeza hacían, y para que hubiese mayor uniformidad acostumbraban a guardar la muestra de todo esto en los templos de mayor devoción y majestad que tenían. Así lo dice Fanio en el libro *De pesos y medidas*; hay ley de ello de Justiniano, emperador, *authent. de collat. coll.* 9, y en el *Levítico*, cap. 27, núm. 25, se dice: «*Omnis aestimatio siclo sanctuarii ponderatur*». Algunos son de parecer que el siclo era una moneda como de cuatro reales; se guardaba en su puridad y justo precio en el templo para que todos acudiesen a aquella muestra y nadie se atreviese a bajarla de ley ni de peso. Es cosa tan importante que en estas cosas no haya alteración, que ninguna diligencia tenían por sobrada, y aún santo Tomás, lib. II *De regim. Princ.*, cap. 14, aconseja que los príncipes no fácilmente por su antojo alteren la moneda, por donde no se tiene por acertado lo que estos años se hizo por causa de los millones, que fue alterar el azumbre, medida del vino y del aceite.

Causa esto grande confusión para ajustar lo antiguo con lo moderno y unas naciones con otras, y parece bien que los que andan en el gobierno no son personas muy eruditas, pues no han llegado a su noticia las turbaciones y revueltas que en todo tiempo han sucedido por esta causa entre las otras naciones y dentro de nuestra casa y con cuánto tiento se debe proceder en materias semejantes. El arbitrio de bajar la moneda muy fácil era de entender que de presente para el rey sería de grande interés y que muchas veces se ha usado de él; pero fuera razón juntamente advertir los malos efectos que se han seguido y cómo siempre ha redundado en notable daño del pueblo y del mismo príncipe, que le ha puesto en necesidad de volver atrás y remediarle a veces con otros mayores, como se verá en su lugar. Es como la bebida dada al doliente fuera de sazón, que de presente refresca, mas luego causa peores accidentes y aumenta la dolencia. Para que se vea el cuidado que se tenía para que no se alterasen estos fundamentos de la contratación, es cierto y autores muy graves lo dicen, y yo lo probé bastantemente en el libro *De pond. et mens.,* capítulo 8.°, que la onza antigua de romanos y la nuestra es la misma, y por consiguiente lo mismo se ha de decir de los otros pesos mayores y menores.

6.- MUCHAS VECES SE HA BAJADO LA MONEDA

Opinión es muy ordinaria entre los judíos que las monedas, medidas y pesos del santuario eran al doble mayores que las mismas de que el pueblo usaba, el batho, el gomor, el siclo con todas las demás monedas, pesos y medidas. La causa de esto es que no fue bastante la diligencia de que se usó de guardar las muestras de todo esto en el santuario, para que el pueblo por diversas ocurrencias no bajase sus pesos, medidas y monedas la mitad por medio, con la cual distinción se concuerdan muchos lugares de autores antiguos, que parecen contradecirse entre sí o decir lo contrario de la Escritura divina.

Entre los romanos es cierto, y así lo atestigua Plinio, lib. 33 , cap. 3.°, que el asse, moneda de cobre, que valía como cuatro maravedís, primero fue de una libra, después, al tiempo de la primera guerra cartaginense, la bajaron a dos onzas, que llamaron asses sextantarios, porque pesaban la sexta parte de la libra romana, que era de once onzas, como hoy lo es la de Italia y Francia; después, por causa del aprieto en que los puso Aníbal en tiempo de la segunda guerra cartaginesa, la bajaron a una onza, el dozavo de lo que antes corría, y últimamente a media onza. El denario, que era moneda de plata de valor de cuarenta maravedís, al principio se acuñó de plata acendrada; Druso, tribuno del pueblo, lo mezcló de liga, la octava parte de cobre, así lo dice el mismo Plinio en aquel lugar; y aún adelante se debió bajar más, pues hallamos hoy algunas de estas monedas de romanos muy bajas de ley, que muestran tener más de la tercera parte de cobre. La moneda de oro se acuñaba muy subida de quilates, y en tiempo de los emperadores primeros era de dos ochavas justamente; después el tiempo adelante se batían de una onza seis, que llamaban sueldos, y eran del peso de un castellano, de que hay una ley de Justiniano, capítulo *De suscep. prepos.*, que comienza: *Quotiescumque.* Plauto, autor tan antiguo, en un prólogo da a entender la costumbre que los romanos tenían de bajar la moneda; sus palabras son: *«Qui utuntur vino vetere sapientes puto, nam novæ quæ prodeunt die multo sunt nequiores quam nummi novi».* Y por las mismas monedas que hoy se hallan se ve ser verdad todo esto.

Lo mismo se ha usado de tiempos más modernos en todos los reinos y provincias de la cristiandad, que los príncipes con el beneplácito del pueblo o sin él han bajado infinitas veces sus monedas. En lo que toca a los cristianos, no me quiero detener, pues hay tanto de esto en Castilla. En la *Crónica* del rey don Alonso el Onceno, cap. 14, se dice que el rey don Fernando el Santo y su hijo don Alfonso el Sabio y el rey don Sancho el Bravo y el rey don Fernando el Emplazado y el rey don Alonso el Onceno, todos bajaron la moneda de ley, de suerte que en todo el tiempo que reinaron estos cinco reyes, que fue largo, poco la dejaron reposar que no se hiciese mudanza, que es un punto muy notable. Del rey don Pedro, que sucedió a don Alonso XI, su padre, no hallo que hiciese mudanza, antes sospecho que avisado por los inconvenientes que se vieron en tiempo de su padre, no sólo no bajó la moneda, antes la hizo batir de buena ley, como se ve por algunas monedas de plata que se hallan suyas. El rey don Enrique el Segundo, su hermano, por las grandes sumas que debía a los que le ayudaron a ganar el reino y la corona, acudió a este postrer remedio de bajar la moneda; acuñó reales en valor de tres maravedís, y cruzados en valor de uno; así lo dice su *Crónica*, lib. IV, cap. 10..

Viéronse en esta traza graves inconvenientes, y sin embargo, los reyes que le sucedieron la imitaron por aprietos en que se debieron de hallar; en especial don Juan el Primero, que para pagar al duque de Alencastre batió una moneda, que se llamó blanca, baja de ley; valía un maravedí, y poco después valió a seis dineros, que es casi la mitad; consta esto por las Cortes de Briviesca, año de 1387. Continuose esto de bajar la moneda de ley y subirla de valor hasta los tiempos de Enrique IV, que fueron los más desbaratados. Esto, dado que su *Crónica* no lo diga, se averigua ser así por la variedad que hubo en el valor del marco de plata, que en tiempo del rey don Alonso el Onceno valió ciento veinte y cinco maravedís, como se nota en su *Crónica*, cap. 98; en tiempo de don Enrique II el real valía tres maravedís, y por consiguiente el marco como doscientos maravedís; en el reinado de don Juan el Primero subió a doscientos cincuenta, el real cuatro maravedís, la dobla cincuenta o doce reales; Cortes de Burgos, ley 1.ª, año 1388. Al fin de su reinado y principio del de su hijo don Juan el Segundo subió a cuatrocientos ochenta, o lo más cierto a quinientos maravedís, y más adelante en este mismo reinado de don Juan el Segundo llegó a mil maravedís, en que se pasó tan adelante, que en tiempo de don Enrique el Cuarto subió a dos mil y a dos mil quinientos. Toda esta variedad y puja sin duda procedía, no de la variedad del marco, que siempre fue ocho onzas con alguna liga, sino de que el maravedí u otras monedas que lo valían las bajaban de ley o de peso, por donde el marco parecía subirse en valor. Todos estos valores del marco o los más se tomaron de Antonio de Nebrija, en sus repeticiones.

A la verdad, las monedas que de estos reyes se hallan casi todas son negras y muy bajas, que dan muestra de lo que se usaba entonces; pero esta desorden y variedad tan grande desde el tiempo de los Reyes Católicos acá es, los cuales por la ley citada de suso establecieron que el marco acuñado se valuase en mil doscientos setenta y ocho maravedís justamente, por acuñar en dos mil doscientos diez, valor que hasta hoy se ha conservado; porque dado que el rey don Felipe II bajó de ley los maravedís, no fue tanto que mudase el valor que el marco de plata antes tenía. La mudanza que al presente se hace es tan grande, que sospecho forzará a que el valor del marco se mude y suba a más de cuatro mil maravedís de éstos que al presente se labran; el tiempo lo dirá si lo comenzado se lleva adelante.

7.- LOS INCONVENIENTES QUE HAY EN ACUÑAR ESTA MONEDA

Bien será que por menudo se consideren las comodidades que trae consigo esta moneda y los daños que de ella resultaren para que se vea cuáles son de mayor consideración y peso, y el juez desapasionado y prudente dé sentencia por la verdad, que es lo que aquí se pretende.

La primera comodidad es el ahorro de gran cantidad de plata que sin ningún provecho en esta moneda de vellón se consumía, la cual se ahorra con bajarla de ley. De bajarla en el peso resulta la segunda comodidad, que es de los acarreos, poderla llevar con menos costa dos tercios de lo que antes se hacía donde quiera que su dueño para sus pagas y compras se quiera de ella servir. La tercera que no la sacarán del reino y habrá en él para el comercio gran cantidad de moneda, de que resultará que por ser tan embarazosa, quien la tuviere socorrerá con ella al que la quisiere para pagar sus deudas, para hacer sus labores de toda suerte, criar ganados y seda, de que procederá abundancia de frutos y mercadurías , con que todo abaratará, donde el tiempo pasado, si no era a costa de grandes intereses, nadie o muy pocos hallaban el socorro de dinero prestado. Item, que por este camino se excusará este reino de tantas mercadurías como de fuera vienen, las cuales no servían sino de llevarse la plata nuestra y de pegarnos sus costumbres y vicios, por lo menos con su regalo de hacer muelle la gente y poco a propósito para las armas y para la guerra. Digo que vendrán menos extranjeros, lo uno porque con las labores que se avivarán tendremos más copia de casi todo lo necesario a la vida; lo segundo porque los extraños no querrán a trueque de sus mercadurías llevar a su tierra esta moneda, y por lo menos la emplearán en otras mercadurías de la tierra, que llevarán a sus casas a trueque de las suyas. Por conclusión, que el rey sacará por este camino gran interés, con que socorrerá sus necesidades, pagará sus deudas, quitará los juros que le consumen, sin hacer agravio a ninguna persona. No hay duda sino que el interés de presente será grande.

Así dice Plinio en el lugar ya citado, que los romanos con el bajar la moneda de cobre, que era los ases, se socorrieron y pagaron sus deudas; lo mismo refiere la *Crónica* del rey don Alonso el

Onceno, cap. 98; lo mismo la de don Enrique II, año 4.º, cap. 10, que salió del aprieto en que se hallaba por las grandes sumas que debía, en especial a Beltrán Claquín y otros extranjeros, por este camino y con esta traza. Añado que así los romanos antiguamente, como los más reyes tiranos del poniente, usaron y de presente usan de moneda de vellón muy baja, toda de cobre, sin alguna mezcla de plata ni de otro metal más rico; y aún debió de ser la más ordinaria moneda, pues los romanos por el nombre de cobre, y en Castilla por el de maravedís, entendemos el dinero y la hacienda cuando decimos vale tantos mil maravedís lo que Fulano tiene de caudal o de renta. Y es averiguado que en España se usaron maravedís de oro antiguamente.

Pues como se le quitaron con el tiempo, que en todo tiene gran vez, nadie se debe maravillar si lo mismo se hace con la plata, que es quitarla a los maravedís, pues de ninguna cosa servía ni persona alguna se aprovechaba de ella para siempre; comodidades todas de consideración, y que por no privarse de ellas, es justo que se atropellen cualesquier inconvenientes que de lo contrario se representen, pues ninguna cosa hay en este mundo que no los tenga, y el oficio del sabio es escoger lo que los tuviere menores, mayormente que siempre se suelen encarecer mucho más de lo que son de verdad y realmente.

8.- QUE HA HABIDO EN CASTILLA MARAVEDÍS DE MUCHAS MANERAS

Antes que se trate de los inconvenientes que de labrarse la moneda presente resultan o se temen, me parece declarar las diferentes suertes de maravedís que en Castilla han corrido y sus valores. El maravedí de oro es el primero que corrió en tiempo de los godos, como consta del *Fuero Juzgo*. Los romanos en los tiempos más modernos de los emperadores acuñaron, como queda dicho, una moneda de oro, de menor peso que los escudos antiguos: de una onza forjaban seis, de un marco cuarenta y ocho, poquito mayores que maravedís castellanos; esta moneda llamaron sólidos o sueldos, cada cual valía doce denarios romanos, que contado el denario a cuarenta maravedís, montaban cuatrocientos ochenta de los nuestros, poquito más, que es el valor del castellano. De aquí quedó que los sueldos, aunque se bajaron de ley, y los forjaban de plata aún con mucha liga, siempre se ha conservado que valgan doce denarios o dineros, asimismo bajos y faltos de ley, en la misma proporción que el sueldo se bajó. Así se hace en Francia y en Aragón, que el sueldo vale doce dineros.

Cuando los godos entraron en España toda ella estaba sujeta a los romanos, y aún después de su entrada todavía quedaron señores de gran parte de ella, de que resultó que los godos tomaron muchas de sus costumbres y usaron al principio de su moneda; mudáronla adelante algún tanto, porque en lugar del sueldo de romanos acuñaron otra moneda, que llamaron maravedís, y valían diez denarios, que montaban el justo cuatrocientos maravedís, valor del escudo que hoy se usa en Castilla; y así ha quedado siempre que el maravedí, dado que mudado de ley y hecho de plata, y después de cobre, siempre ha valido y vale diez dineros de baja ley como los maravedís. El maravedí vale hoy dos blancas, seis cornados, diez dineros, setenta meajas. La diferencia entre el sueldo de oro y el maravedí era poca; así en las *Leyes Góticas* se advierte que donde las de los emperadores penan los delitos en tantos sueldos de oro, ellas ponen maravedís, que se entienden de oro. Las más monedas que hoy se hallan de godos de muy bajo oro son medios maravedís, que llamamos blancas, y en latín *semises*, o la tercera parte, que llamamos *tremises*.

El tiempo adelante hallamos en Castilla maravedís de oro, que por otro nombre llamaron maravedís buenos, item, maravedís viejos y maravedís corrientes. Del valor de los corrientes se dirá en primer lugar, por cuanto de su averiguación depende la de los otros. Este valor fue vario, y se ha de sacar del valor del marco de plata, que siempre fue de la bondad de hoy, poco más o menos, como lo dan a entender los cálices que hay en las iglesias de tiempo muy antiguo. Quiero asimismo advertir que si bien el valor del marco y del maravedí andaba vario, pero siempre una dobla valió doce reales, un franco, moneda francesa, diez reales, un florín, aragonés, siete reales: esto se saca, antes lo dice claramente la ley del rey don Juan I, que hizo en Burgos, año de 1388. Añado yo que el marco de plata valió cinco doblas, poquito más, y reales sesenta o sesenta y cinco. El más antiguo valor que se halla del marco de plata fue el que corría de ciento veinte y cinco maravedís en tiempo de don Alonso XI; así lo dice su *Crónica*, cap. 98; por el consiguiente el real valió dos maravedís. Por esta cuenta el maravedí de aquel tiempo valió diez y siete de los nuestros y algo más; de lo cual se ve que el maravedí era de plata, que de otra suerte no valiera tanto.

En tiempo de don Enrique II valió el real tres maravedís, así lo dice su *Crónica*, año 4.°, cap.2.°; por el consiguiente, el marco valía como doscientos maravedís de los que corrían a la sazón. Así el maravedí de aquel tiempo valió como once de los nuestros. Verdad es que por la mudanza grande que hizo de la moneda, por algún tiempo llegó el marco de plata al valor de mil y quinientos maravedís, pues la *Crónica* dice que una dobla llegó a valer trescientos maravedís; pero esta desorden se reformó, y las monedas volvieron a sus valores. En tiempo de don Juan I subió el marco de plata a doscientos cincuenta maravedís, pues el real valió cuatro maravedís, y la dobla cincuenta, como se dice en aquella su ley de Burgos, año de 1388. Así valió el maravedí nueve o diez de los nuestros, que es la proporción de los valores del marco de plata de ahora y de entonces; por donde en una ley de este Rey, hecha en Briviesca, año de 1387, do manda que el que denostare a sus parientes peche seiscientos maravedís, los que en tiempo de los Reyes Católicos recogieron entre las demás leyes esta, lib. VIII. *Ordinat.*, tit. 9.°, lib. I., añaden que los seiscientos maravedís sean de los buenos, que valen seis maravedís de esta moneda. Esto viene muy bien con el valor que tuvo el marco de plata en lo postrero del rey don Enrique IV de dos mil quinientos maravedís, que debió de continuarse hasta el año de 1497 cuando los Reyes Católicos hicieron sus leyes en esta razón y bajaron el marco acuñado a dos mil doscientos setenta y ocho maravedís, y el por labrar a dos mil doscientos diez maravedís. En tiempo de don Enrique III llegó a valer el marco a cuatrocientos ochenta o a quinientos maravedís; conforme a esto valió el maravedí como cuatro o cinco de los nuestros. En el de don Juan II subió el marco a mil maravedís y el maravedí valió dos y medio de los nuestros; pasó este crecimiento adelante, y en el tiempo de don Enrique IV llegó el marco a valer dos mil y aún dos mil y quinientos maravedís, que debió ser a lo último de su reinado. Así el maravedí valió lo que vale el nuestro, poco más o menos.

Supuesto todo esto que sacamos lo más de Antonio de Nebrija en una de sus repeticiones y de las crónicas y leyes de estos reinos, digo que el maravedí de oro bueno de aquel tiempo valió seis de los del tiempo de don Alfonso el Sabio. En las *Leyes del estilo*, ley 144, se dice que el dicho rey los hizo pesar, y halló que seis de los suyos pesaban tanto como uno de los de oro, no que los del rey don Alfonso fuesen de oro, sino que pesados los unos y los otros y comparada la plata con el oro, halló el dicho valor. Lo mismo don Alonso XI en las Cortes de León, era de 1387, petición 2.ª, dice que cien maravedís de la buena moneda valían seiscientos de los que a la sazón corrían. De todo esto se averiguan dos cosas: la una es que desde el rey don Alfonso el Sabio hasta el rey don Alonso el Onceno no se mudó el valor del marco de plata ni del maravedí, pues en un tiempo y en otro un maravedí bueno valía tanto como seis de los que corrían; lo segundo que pues el maravedí de entonces, como queda averiguado, valía diez y siete de los nuestros y aún algo más; que el maravedí de oro bueno ni valía treinta y seis maravedís de los nuestros, como dicen algunos, ni sesenta, sino tres reales de plata y algo más, opinión que, aunque parece nueva, a mi ver es muy fundada y muy cierta. Sospecho que estos maravedís de oro eran los tremises de tiempo de godos, que todavía parece corrían en tiempo de aquellos reyes de Castilla; la razón, porque el valor concuerda, que valen de tres a cuatro reales cada pieza; *item*, que de estos se hallan muchos, y de los maravedís propios de aquellos reyes uno solo no parece.

Resta decir del maravedí viejo, del cual personas muy doctas dicen que valía maravedí y medio de los que al presente corren; los que son más versados en las leyes del reino podrán mejor averiguar la verdad; podría ser que para los pleitos y tasas de las penas que en las leyes se ponen fuese verdadera esta opinión, como también al maravedí de oro unos le levantan en sesenta, otros en treinta y seis de los nuestros. Mas hablando en rigor , yo entiendo que el maravedí viejo no fue siempre de un valor, sino de diferentes, conforme a los tiempos de que las leyes hablan, porque si las leyes hablan del tiempo de los Reyes Católicos, como las más se recopilaron entonces, y las leyes de don Juan II, el maravedí viejo valdrá como dos maravedís y medio de los nuestros, que son los mismos que de los Reyes Católicos; si fuese del rey don Enrique III valdrá cinco; si de don Alonso XI, diez y siete. Cuando la moneda se bajaba, los maravedís de los reyes precedentes siempre se llamaban viejos como los de don Enrique III, respecto de los de su hijo don Juan II, lo mismo en los demás reyes; y aún advierto que a las veces el maravedí viejo se llamaba bueno, como en aquella ley 1.ª, lib. VIII, tit. 8.º del *Ordenam.*, donde dice que seiscientos maravedís que pone de pena don Juan I al que denuesta a sus padres son de buena moneda, que valen seis mil de los de ahora. Cierto es que no habla de los maravedís de oro que se llamaban buenos, que valían mucho más, sino de los viejos, cuyo valor fue vario según los tiempos. Añado a lo dicho que en una ley del rey don Juan II, hecha en Guadalajara, año de 1409, que está lib. VIII, *Ordinat.*, tit. 5.º, ley 1.ª, se ordena que el que se dejare estar descomulgado treinta días, pague cien maravedís de los buenos, que hacen seiscientos de los viejos; y si llegare a seis meses, pague mil maravedís de la dicha moneda buena, que hacen seis mil de la vieja. Digo que la moneda vieja se entiende del tiempo de don Alonso XI, y dende arriba, cuando un maravedí, como queda dicho, valía seis de los corrientes, que si parece grave pena la de mil maravedís de aquella moneda, que montan tres mil reales, mayor pena es tener al descomulgado que lo está un año por sospechoso en la fe, como al presente se hace.

Añado otrosí que en la *Crónica* de este mismo rey, año 29, cap. 144, se cuenta que para acudir a la guerra de Aragón y de Navarra, con el acuerdo de las Cortes, que se juntaron en Burgos, mandó labrar blancas de la ley, peso y talla de las de don Enrique, su padre; sin embargo, se labraron de metal más bajo, de que debió de resultar la carestía y otros daños que adelante se declararán. Llamáronse los procuradores a engaño y querelláronse, como se refiere en el año 42 del reinado de este Rey, cap. 36; mandose ensayar la moneda, hallose verdad lo que los procuradores alegaban, diose traza que un maravedí viejo valiese uno y medio o tres blancas de las nuevas. Así se debe entender cuando en la dicha *Crónica* se dice que para servir al Rey repartieron tantos maravedís de la moneda vieja. *Item*, se advierte que de este lugar debieron enmendar su opinión los que dijeron que el maravedí viejo valiese uno y medio de los nuestros, como quiera que solo debían sacar que uno del rey don Enrique III valió uno y medio de los que acuñó su hijo el rey don Juan el Segundo; y aún sospecho que valía en rigor dos, como se saca de los valores del marco de plata en tiempo de estos reyes, que si lo comparamos con nuestros maravedís, el maravedí del rey don Juan valía cinco blancas de las nuestras; el de don Enrique III, cuatro o cinco maravedís de los nuestros, por lo que de suso queda dicho y probado.

9.- LOS INCONVENIENTES QUE RESULTAN DE ESTA LABOR

Yo deseo en materia tan grave como ésta no hablar sólo especulativamente ni por razones, que si bien parece tienen fuerza, todavía pueden engañar, sino por la experiencia nuestra o de nuestros antepasados, que los presentes semejables son, y lo que fue esto será, por donde lo que ha sucedido tiene muy gran fuerza para persuadir pararán en lo mismo los que echaren por semejantes caminos. Pondré pues algunos inconvenientes, en primer lugar los que, aunque tienen apariencia de grandes, no lo son, y se puede salir de ellos, por lo menos no son tan relevantes que no se puedan atropellar por no privarse de otras mejores comodidades.

Lo primero, dicen algunos, que es novedad nunca vista ni oída en el reino, y que toda novedad trae consigo medios e inconvenientes. Por lo dicho de suso se ve claramente que, no una, sino muchas veces, se ha acudido a este arbitrio; del suceso y de lo que resultó aún no hablo. Añaden que se dejarán las labores de la tierra, como quier que otros entre las comodidades de esta moneda aleguen por la otra parte contraria que con tener a mano este dinero tal cual es, todos podrán labrar sus tierras y beneficiar sus granjerías, de suerte que esta razón no convence a todos ni tiene tanta fuerza como algunos encarecen. Lo tercero dicen que se impedirá el comercio, especial de las naciones de fuera, que convidados de nuestra plata, traen sus mercadurías, y por el mismo caso cesará el trato de las Indias, que consiste en llevarles lo que ellos traen, digo los extraños, a España.

Dirá otro que se alega por inconveniente guardar las leyes del reino; que ¿cómo puede ser comodidad del reino lo que está en él defendido y cómo le puede estar bien a España que le lleven su plata? Antes esta misma razón prueba que es provechoso contratar con esta moneda de vellón para que no vengan los extranjeros a estar forzados a llevar a trueque de las suyas las mercadurías de la tierra, que es lo que siempre se ha pretendido y lo que se debe procurar; que cuanto a las Indias, no se impedirá el trato, por causa de que lo principal que se lleva son frutos de la tierra, vinos, aceites, paños, sedas y hierros, y todos los años les viene plata a los cargadores, con que pueden comprar lo que les viniere a cuento, como lienzo, papel y bujerías; si que por labrar esta moneda no dejarán de labrar la plata que viniere, antes habrá de todo.

Por el mismo camino se responde a otra razón aparente, que el rey no podrá hacer sus asientos para proveer sus armadas fuera del reino y otras ocurrencias; antes se podrá decir que tendrá más comodidad de plata para afuera haciendo dentro del reino estotra moneda. La verdad es que el vellón cuando es mucho destierra la plata y la hunde; la causa porque al rey pagan sus rentas en plata, y su majestad paga juros, criados y ministros en vellón, con que se apodera de la plata, y de allí pasa a los extranjeros, y aún la poca que queda a los vasallos no parece, porque todos quieren más gastar el vellón que la plata.

Grande daño alegan asimismo y encarecen que será fácil falsear esta moneda, razón que tiene más fuerza dando causas de esto: la primera porque no tiene plata, y por ella no se podrá distinguir la buena de la contrahecha y falsa; la segunda por la grande ganancia, que de siete partes se ganan las cinco, como queda dicho, donde antes por ser el mismo o casi el valor natural y el legal, pocos se ponían al riesgo de ser castigados como falsarios por tan pequeño interés. De esta razón la segunda parte tiene mucha fuerza, que es gran cebo con costa de doscientos ducados hacer setecientos para ponerse a cualquier riesgo y aventurarse; mas la primera parte se funda en engaño, que la plata se echase en la moneda de vellón porque no se falsease, que no fue esta la causa, sino que el maravedí era de plata antiguamente, como se echa de ver por el valor que tenía y porque la mitad se llamaba blanca, que lo era a la manera que un sueldo en Francia se llama un blena; mas con el tiempo, por bajar tantas veces la moneda de ley, sucedió que se hicieron las blancas negras, pero siempre con mezcla de plata más o menos, de suerte que no fue traza de los Reyes Católicos, sino determinación que en un marco se echasen siete granos y no más.

Yo no tengo por inconveniente que en la moneda de vellón no se mezcle plata, sino que aquel gasto se ahorre como do ningún provecho; pero si mi parecer valiera, quisiera que la estampa fuera más prima como la de Segovia y que se diera más número de las dichas monedas por el real, como en Francia, que un sueldo, que vale como un cuartillo, dan por doce dineros, y cada dinero vale tres liardos. En Nápoles por un carlino, que vale veinte y ocho maravedís, dan sesenta caballos, que son cada uno como un ochavo de los de antes; todo esto para que con la estampa y muchedumbre se igualasen los valores, el natural del maravedí con el legal, y el del vellón con el de plata, que de esta manera sería la ganancia poca y pocos para falsearla tendrían molinos de moneda, y la fundida de otra fe fácilmente se conoce y se diferencia de la acuñada, mayormente que en la labor de la plata que se hace en estos molinos entiendo hay gran desperdicio, y que los reales no salen tan ajustados por causa que la plancha no puede ser tan uniforme, sin otros inconvenientes que alegan, donde en el cobre cesan todos estos daños, y se acude a lo que es forzoso, que es ajustar los valores natural y legal.

Dejo otras razones que se pueden alegar de inconvenientes más aparentes que verdaderos, por venir a lo que hace al caso y no repicar los broqueles con imaginaciones no bien fundadas, sino con la práctica de lo que hallamos en los libros escritos. Todavía notaré aquí que a otros inconvenientes que trae se puede asimismo responder, como que nadie podrá atesorar para hacer obras pías; dirá otro que el dinero no se hizo para atesorarlo, sino para derramarlo, y que son tantos los que atesoran para impertinencias, que se puede ir lo uno por lo otro; además que el vellón no quita que no haya oro ni plata; como cada año viene de las Indias, que no estará ahora menos a mano que antes.

Otro inconveniente es que no se podrá llevar esta moneda para las compras y pagas; puédese decir que ya los mercaderes tienen calculada la costa que tendrán de llevarlo de Toledo a Murcia, que es lo postrero del reino, es a saber, uno por ciento, y no más. Fuera del reino, es a saber, no hay para qué se lleve, pues tampoco la plata, conforme a las leyes, se puede llevar ni a Portugal ni a Valencia. El trabajo de contarlo y de guardarlo molestia es, y sin duda grande y de consideración; pero ni tan relevante que no se recompense con las comodidades que de suso en favor de esta moneda se pusieron.

Añaden para conclusión que se subirá por este camino el cobre, se enriquecerán los extraños que tienen mucho de este metal, y a nosotros faltará el menaje que se forjaba de él o subirá a precios excesivos. Cierto es que pocos años ha valía en Francia un quintal de cobre diez y ocho francos, que sale el marco a trece maravedís, y en Alemania era más barato, y en Castilla vale ya el marco cuarenta y seis maravedís, que es casi el cuatro tanto, y cada día con esta priesa que le dan pujará más. No hay duda sino que este daño es verdadero, pero hay otros más relevantes que luego se declararán.

10.- OTROS INCONVENIENTES MAYORES

El primero de estos mayores inconvenientes es que la labor de esta moneda en tanta cantidad es contra las leyes de estos reinos. Los Reyes Católicos el año de 1497 en la moneda de oro y de plata no pusieron límite alguno; a todos permiten que labren todo lo que de estos metales quisieren; de la de vellón ordenaron en la ley 3.ª que solamente se labrasen diez cuentos repartidos en cierta forma por las seis o siete casas de moneda que hay. El rey don Felipe II el año de 1566 dice en su ley que no conviene que de esta moneda de vellón se labre más de la que es necesaria para el común uso y comercio, por tanto que no se pueda labrar sin su especial licencia. Para el común uso sólo es necesaria esta moneda para las compras menudas; todo lo demás es dañoso. La causa porque la moneda se inventó es para facilitar el comercio; así aquella moneda es más a propósito y conforme a este fin y blanco que más le facilita: así lo dice Aristóteles en el lib. I *De las políticas*, cap. 6.º Esta moneda gasta tanto tiempo en contarse, que es necesario un día para contar mil ducados, y es menester otro para conducirlo a las partes donde se hacen las compras y pagas; hace costa y da molestia, por lo cual se ve que la avenida de esta moneda es contra nuestras leyes. No es bien que haya moneda solamente de plata como se hace en Inglaterra por orden de la reina Isabel y en algunas ciudades de Alemania, porque por mucho que la desmenucen, como lo hizo Renato, duque de Anjou, que de una onza de plata acuñó mil monedas, se sentirá falta para las compras menudas y para la ayuda de los pobres; pero tampoco es acertado dar en otro extremo que la moneda de vellón inunde la tierra como creciente de río.

El segundo inconveniente es que esta traza, no sólo se aparta de las leyes del reino, que esto llevadero fuera, sino que es contra razón y derecho natural. Supongo lo que al principio se dijo, que el rey no es señor de los bienes particulares ni se los puede tomar en todo ni en parte. Veamos pues, ¿sería lícito que el rey se metiese por los graneros de particulares y tomara para sí la mitad de todo el trigo y los quisiese satisfacer en que la otra mitad la vendiesen al doble que antes? No creo que haya persona de juicio tan estragado que esto aprobase; pues lo mismo se hace a la letra en la moneda de vellón antigua, que el rey se toma la mitad, con solo mandar que se suba el valor y lo que valía dos valga cuatro. Paso adelante; ¿sería justo que el rey mandase a los particulares vendiesen sus paños y sus sedas al tres doble de lo que valen, y que con la una parte se quede el dueño, y con las dos acudan al rey? ¿Quién aprobará esto? Pues lo mismo puntualmente se hace en la moneda que de nuevo se labra, que al que la tiene le queda la tercera parte del valor y menos, y el rey se lleva las dos; que si esto no se hace en las demás mercadurías y se ejecuta en la moneda es porque el rey no es tan dueño de ellas como de la moneda, por ser suyas las casas donde se labra y ser suyos todos los oficiales de ellas y ser sus criados y tener en su poder los cuños con que quita una moneda y pone otra en su lugar, o más subida o más baja, si lícitamente si no es esto que se disputa; que si se pretende que las deudas del rey y de particulares se paguen con esta moneda, será nueva injusticia, como lo dice Menochio en el *Consejo* 48 largamente, que no es lícito en moneda de baja ley pagar las deudas que se contrajeron cuando la moneda era buena.

El tercer daño sin reparo es que las mercadurías se encarecerán todas en breve en la misma proporción que la moneda se baja. No decimos aquí sueños, sino lo que ha pasado en estos reinos todas las veces que se ha acudido a este arbitrio. En la *Crónica* del rey don Alfonso el Sabio, cap. 1.º, se dice que al principio de su reinado en lugar de los pepiones, moneda de buena ley que antes corría, hizo labrar otra de baja ley, que llamaban burgaleses, noventa de los cuales hacían un maravedí, y que por esta mudanza se encarecieron las cosas y pujaron grandes cuantías. Avisado de este daño, como se refiere en el capítulo 5.º, puso tasa en todo lo que se vendía, remedio que empeoró la llaga y no se pudo llevar adelante, porque nadie quería vender y fue fuerza alzar la tasa y el coto, y aún se entiende que la principal causa por que los ricos hombres se armaron contra él y por este medio su hijo don Sancho se le alzó con el reino fue el odio que resultó de la mudanza de esta moneda generalmente en el reino, porque no contento con el desorden primero, después en el sexto año de su reinado mandó deshacer los burgaleses y labrar los dineros prietos, que cada quince hacían un maravedí, que parece fue cantar mal y porfiar como príncipe muy arrimado a su parecer.

En la *Crónica* del rey don Alonso el Onceno, cap. 98, se refiere que hizo labrar moneda o novenos y cornados de la misma ley y talla que la que labró su padre el rey don Fernando. Para que por esta labor no se encareciesen las mercaderías, mandó que el marco de plata se quedase en el mismo valor que antes tenía de ciento veinte y cinco maravedís; y sin embargo, no se pudo llevar adelante y el marco subió y las mercadurías se encarecieron. Adviértase en este lugar que la causa por que al presente no se siente luego la carestía es porque el real se está en su valor de treinta y cuatro maravedís de estos nuevos, y el marco de sesenta y cinco reales; pero luego se verá que aquesto no puede durar mucho tiempo. El rey don Juan I, para satisfacer a su contendedor el duque de Alencastre, labró moneda baja de ley, que llamó blanca; bajola después de valor para atajar la carestía casi la mitad, como lo dice él mismo en las Cortes de Briviesca, año 1387.

El rey don Enrique el Segundo, por las guerras que tuvo contra su hermano el rey don Pedro, se vió en grande aprieto y falta y acudió a este remedio, labró dos suertes de moneda de baja ley, la una era de reales y valían a tres maravedís, la otra era de cruzados, que valían un maravedí, de que resultó grande carestía, que una dobla llegó a trescientos maravedís, y un caballo a seis mil maravedís; así se dice en su *Crónica*, año 4.°, capítulo 10. Y aún en el año 6.°, cap. 8.°, se dice que llegó a valer un caballo ocho mil maravedís, precio excesivo para aquellos tiempos, por lo cual fue forzado a bajar de valor aquella moneda y que el real valiese un maravedí, y el cruzado dos coronas; y advierto que la dobla valía antes treinta maravedís, como lo dice Antonio de Nebrija en una de sus repeticiones y se saca del valor del marco, que era ciento veinte y cinco maravedís.

Verdad es que ya dobla y marco habían pujado algún poquito por lo que se dijo en el cap. 8.º

Así subió por aquella alteración a valer diez tanto; así no sé que jamás se haya hecho esta mudanza y que no se haya seguido la carestía. Para que se entienda que es así forzoso, finjamos que un real llega a valer dos reales o sesenta y ocho maravedís (que no falta gente que da en este dislate y le tienen por buen arbitrio que suban el oro y la plata, unos más y otros menos); supuesto esto, veamos si uno quiere comprar un marco de plata por labrar, ¿daránsele por sesenta y cinco reales como está tasado? No por cierto, sino que le subirán a ciento y treinta, que es el peso de la plata. Pues si subieran el marco al doble, si se doblase el valor de los reales a proporción, si los subiesen una sesma o una cuarta, el marco subiría otro tanto; y lo mismo en las monedas menores, que ya no sólo en las compras, sino en los trueques, se da a diez por ciento de ganancia por trocar el vellón a plata, y aún en muy breve se cambiará el vellón por plata a razón de quince, veinte o treinta, y dende arriba por ciento; y a este mismo paso irán las demás mercadurías.

Y no hay duda sino que en esta moneda concurren las dos causas que hacen encarecer la mercaduría, la una ser, como será, mucha sin número y sin cuenta, que hace abaratar cualquiera cosa que sea, y por el contrario, encarecer lo que por ella se trueca; la segunda ser moneda tan baja y tan mala, que todos la querrán echar de su casa, y los que tienen las mercadurías no las querrán dar sino por mayores cuantías.

De aquí se sigue el cuarto daño irreparable, y es que vista la carestía, se embarazará el comercio forzosamente, según que siempre que este camino se ha tomado se ha seguido. Querrá el rey remediar el daño con poner tasa a todo, y será enconar la llaga, porque la gente no querrá vender alzado el comercio , y por la carestía dicha la gente y el reino se empobrecerá y alterará. Visto que no hay otro remedio, acudirán al que siempre, que es quitar del todo o bajar del valor de la dicha moneda y hacer que valga la mitad del tercio que hoy vale, con que de repente y sin pensarlo, el que en esta moneda tenía trescientos ducados se hallará con ciento o ciento cincuenta, y a esta misma proporción todo lo demás. Así aconteció en tiempo de don Enrique II, como dice su *Crónica*, año

6.º, capítulo 8.º, que forzado de estos daños, bajó el real, que valía tres maravedís, al valor de un maravedí, y el cruzado, que valía un maravedí, a los cornados, que es la tercera parte.

El rey don Juan I, su moneda blanca, que valía cada pieza un maravedí, la bajó a seis dineros, que es casi la mitad, como se ve en las Cortes de Briviesca, año de 1387; mas, sin embargo, la carestía pasó adelante, como el mismo rey lo atestigua en el año próximo en las Cortes de Burgos. Ya se puede ver el gusto que de esto recibiría la gente. Lo que en esta razón avino en tiempo del rey don Juan el Segundo ya se dijo al fin del cap. 8.° Lo que en Portugal en tiempo del rey don Fernando por la misma causa de alterar la moneda resultó la carestía, y que de fuera se metió gran cantidad de moneda falsa, cuéntalo Duarte Nuñez en las *Crónicas de Portugal,* aunque lo de Portugal no lo es.

Dejemos cuentos y ejemplos viejos. Sendero, al fin del lib. I de *Schismat. Anglic.* refiere que el rey Enrique VIII de Inglaterra, después que se apartó de la Iglesia, tropezó en grandes inconvenientes y males: el uno fue que labró moneda muy baja en tanto grado, que como quier que antes la moneda de plata tuviese de liga la parte undécima, él poco a poco la bajó hasta dejarla en dos onzas de plata, lo demás hasta una libra de cobre. Hecho esto mandó que le trajesen la moneda que antes se usaba, como al presente se ordenó en los cuartos que antes había, y trocábasela con la moneda baja y mala que él hacía labrar tanto por tanto, que fue notable perjuicio. Añade que fue forzoso bajarla de valor, con que empobreció mucha gente, en cuyo poder estaba; sin embargo, que en nuestros días por mal consejo se volvió al mismo arbitrio, es a saber, en tiempo del rey don Sebastián añadieron ciertos patacones de baja ley, de que resultaron los mismos daños y la necesidad de repararlos por el mismo camino.

Muerto el rey Enrique, acudieron a su hijo Eduardo; el remedio que se dio a los daños fue que aquella mala moneda la bajaron la mitad del valor, y porque esto no bastó, la reina doña Isabel, hermana de Eduardo, la bajó otra mitad, con que el que tenía cuatrocientos, de repente y como por sueño se halló sólo con ciento. No paró aquí, sino que acordaron que toda aquella moneda mala se consumiese; lleváronla a las casas de moneda, y allá se les quedó sin poder cobrarla de los ministros de la Reina: infame latrocinio. Véase si vamos por el mismo camino y si en este ejemplo tan fresco está pintada una viva imagen de la tragedia miserable que pasará por nuestra casa.

El quinto daño asimismo irreparable, que el rey mismo empobrecerá y sus rentas bajarán notablemente, porque demás que al rey no puede estar bien el daño de su reino por estar entre sí tan trabados rey y reino, claro está que si la gente empobrece, que si el comercio falta, no le podrán al rey acudir con sus rentas y que se arrendarán muy más bajas que hasta aquí. Tampoco en esto no hablo por imaginación; en tiempo de la menor edad del rey don Alonso el Onceno se tomó cuenta de las rentas reales a sus tutores; hallóse que todas las rentas de Castilla no pasaban de un cuento y seiscientos mil maravedís, que aunque todos aquellos maravedís valían cada uno como medio real, todavía era la suma muy pequeña. *El Coronista*, cap. 14, dice que las causas de estos daños fueron dos: la una que los señores tenían en su poder muchas tierras del reino; la segunda que desde el rey don Fernando el Santo hasta el presente, que se contaban cinco reyes, todos habían bajado la moneda de ley y subídola de valor, que todo es lo mismo, es a saber, que por estas mudanzas el comercio se embarazó y se empobreció todo el reino.

Quiero concluir con representar el mayor inconveniente de todos, que es el odio común en que forzosamente incurrirá el príncipe por esta causa. Dice un sabio que en las prosperidades todos quieren tener parte, y lo adverso atribuyen a las cabezas; ¿por qué se perdió la jornada? Porque el general no ordenó o no pagó bien la gente, etc. Felipe el Hermoso, rey de Francia, el primero que se sepa haya en aquel reino bajado la moneda, que vivió por los años de 1300, por lo cual Dante, poeta de aquel tiempo, le llamó *falsificatore di moneta*; el mismo al tiempo de la muerte, arrepentido de lo hecho, advirtió a su hijo Luis Hutin, que por esta causa él era odiado de la gente, que le mandaba y rogaba que reparase este desorden; refiérelo Roberto Gavino al fin de la vida de este Rey. No bastó esta diligencia ni el pueblo sosegó hasta tanto que el mismo Ludovico Hutin, por consejo de algunos grandes, hizo ajusticiar públicamente a Enguerrano Marinio, inventor de aquella mala traza, en que, sin embargo, tropezaron Carlos el Hermoso, hermano de Hutin, contra el cual hay una extravagante de *crimine falsi* de Juan XXII, y Felipe Valois, primer hermano y sucesor de los dos en la corona; con cuánta ofensión del pueblo de Francia, de las historias de aquel reino se entiende.

Para evitar todos estos inconvenientes que de todo tiempo se han experimentado, los aragoneses en particular toman al rey juramento cuando se corona que no alterará la moneda; así lo escribe *Pedro Belluga In Specul. Princip.*, rúbr. 36 , número 1.°, donde trae dos privilegios de los reyes de Aragón concedidos al reino de Valencia, la data del primero año de 1265, la del segundo 1336, cautela muy prudente y necesaria. La codicia ciega, las necesidades aprietan, lo pasado se olvida; así, fácilmente volvemos a los yerros de antes. Yo confieso la verdad, que me maravillo que los que andan en el gobierno no hayan sabido estos ejemplos.

11.- SI CONVENDRÁ ALTERAR LA MONEDA DE PLATA

Todos los inconvenientes que se han propuesto acerca de bajar la moneda en general tienen mayor fuerza en la de plata, por ser ella de valor más común que la de oro, que siempre es poca, y la de vellón, que lo debe ser; demás que la moneda de plata es el nervio de la contratación por su bondad y por la comodidad que hay de hacer las pagas en ella y las compras y ventas. Pero porque algunos, sin embargo de los daños que han resultado de la mudanza del vellón, son de parecer que sería buen arbitrio y remedio para todo que la plata se bajase, quiero en particular tratar de este punto y averiguar si convendrá o se atajarán por este camino los daños, o si, como lo creo, se hundirá todo sin reparo.

Dicen que con esta traza se acudirá a lo que

siempre se ha deseado, que la plata no se saque de España, y es averiguado y cierto que nuestra moneda de plata es más subida que la de los reinos comarcanos, y que ocho reales nuestros tienen plata por nueve de los de Italia y Francia, cebo con que los extraños recogen nuestra moneda y la sacan sin que sean parte las leyes y penas, que las hay muy graves, para enfrenar esta codicia.

Otra razón hay, aunque más disimulada, que el rey por este camino remediará sus necesidades, porque si con bajar la moneda de vellón, que de suyo era tan baja, como de cobre, ha sacado, según dicen, de interés pasados de seis millares de oro, ¿qué será si se altera la plata, metal de que hay tanta abundancia en el reino y viene cada año de nuevo de las Indias sin número y sin cuento? En que hay otra comodidad, que no tendremos necesidad de acudir por este metal a otras naciones, como por el cobre. No hay duda sino que el interés será colmado y grande en demasía, mayormente si la baja fuese de un tercio o de un cuarto.

Para entender mejor esta materia se debe presuponer que la alteración de la plata se puede hacer, en una de tres maneras: la primera, que la moneda se quede como está, pero que el valor legal se suba, es a saber, que por el real se den cuarenta, cincuenta o sesenta maravedís donde hoy pasa por treinta y cuatro, lo cual, aunque parece que es subir la plata por un camino, es bajarla; la segunda manera, que la bajen de peso, que como hoy de un marco se acuñan sesenta y siete reales, que adelante se acuñen ochenta o ciento, y que cada pieza se quede en el valor de treinta y cuatro maravedís, de manera que si bien se mira, poco se diferencia de la pasada; la tercera, que es lo que de verdad pretenden, que en la plata se eche más liga de lo que se hace; que si hoy en un marco de plata se echan veinte granos de cobre, se echen, digamos, otros veinte o treinta, lo cual sería ganar en cada marco de plata seis reales o más, por cuanto cada grano de plata vale como un cuartillo, que si en cada flota viene un año con otro un millón de marcos de plata, sería adelantar por este camino las rentas reales en medio millón, que vendido a razón de a veinte, llegaría el interés a diez millones, y si la mezcla fuese mayor, como lo será sin duda de cada día si este camino se abre, el interés aventajará en el mismo grado que la liga se acrecentare y subiere. Demás de esto, presupongo que de largo tiempo a esta parte, como se ve por las leyes del reino que hablan en esta razón, siempre se ha usado que la plata que se acuña sea de ley de once dineros y cuatro granos, que es decir, que tenga de cobre veinte granos solamente mezclados. Lo mismo se guarda en la plata en pasta, que los plateros no la pueden labrar ni más subida que ésta ni más baja, lo cual se ha usado en estos reinos de centenares de años a esta parte, como se ve por la plata labrada de las iglesias y por una ley del rey don Juan el Segundo, hecha en las Cortes de Madrid, año del Señor de 1435, petición 31, y es la primera en la *Nueva Recopilación*, lib. V, tit. 22.

Supuesto todo, pregunto yo a los que pretenden se altere la plata con echarla más liga, si quieren que esto se ejecute sólo en las casas de moneda, o si se hará lo mismo en la labor de la plata y en las platerías. Si dicen que todo se baje, deben advertir que será grande novedad y grande confusión, pues el marco de plata labrada en un tiempo se habrá de comprar en diferente precio del que en otro tiempo se labrare, demás que me certifican no se podrá bien labrar por su aspereza si la bajan. Si pretenden que toda la moneda se baje y que en todas las naciones siempre se ha tenido por necesario que la plata en pasta y en moneda corran a las parejas, y que forzosamente, si esto se hace, el marco de plata en pasta pujará todo lo que la moneda bajare, traza y trabazón de cosas tan delicadas, forjadas de tanto tiempo atrás, sospecho que no se podrá alterar sin daño de los que la alteraren y de todo el reino, a la manera que un edificio fuerte y antiguo si le minan, corren peligro los que le trazan de que los coja debajo. Así lo deduce en materia semejante Cornelio Tácito en el lib. XX de sus *Anales*. Item, pregunto ¿qué se hará la moneda ya acuñada? Si corre por el mismo precio que la nueva, será injusto, pues vale más y tendrá más plata y todos la querrán y no la nueva; si la suben de valor, será confusión que reales de un peso y estampa, unos valgan más, y otros menos; si los vedan y hacen llevar a las casas de la moneda para trocarlos por otros tantos de los nuevos, como se hizo los años pasados en Inglaterra, y es lo que sospecho pretenden, yo confieso que será granjería para el rey, y no de menor interés que la que hizo en la moneda de vellón, pero será nuevo latrocinio dar menos por lo que vale más, que no es bueno hacer tantas veces y en tantas cosas prueba de la paciencia de los vasallos, que se apura y acaba con daño de todos.

Item, ¿qué harán de la moneda de oro? Será forzoso bajarla, con que todo quedará revuelto y fuera de sus quicios y volveremos a las dificultades ya dichas. Si no bajan el oro, ya la corona no pasará por doce reales como hoy pasa, sino que subirá a catorce y a quince, conforme a la baja de la plata; demás de esto, todas las mercadurías luego subirán a la misma proporción que bajaren la plata sin remedio, si que el extranjero y aún el natural harán su cuenta y dirán: en doce reales no me das más plata que antes me dabas en diez, pues yo de mi mercaduría no te quiero dar más por los doce que te solía dar por los diez, que si le amenazan con el coto y la tasa, ya queda en los capítulos de suso deducido lo que de ello resultará, fuera de que no todas las mercadurías se pueden tasar. Con esto el comercio se embarazará, que es como la leche delicada, que con cualquier inconveniente se corta y estraga.

A la verdad la moneda, y más la de plata, por ser tan usual y tan cómoda para todo, es el fundamento verdadero de la contratación, el cual alterado, todo sin remedio se empeorará, que si estos daños no se han visto tan claros en la baja que se hizo de la moneda de vellón, fue porque la plata lo ha tenido todo enfrenado, que al fin por treinta y cuatro maravedís de estos malos y bajos dan un real de plata que es de buena ley; quítenle este freno, y verán como en breve todo se sube y todo el comercio se embaraza. Sino imaginemos que no corriese otra moneda sino la de vellón o que no viniese plata de las Indias, no hay duda sino que la llaga se enconaría y que los inconvenientes arriba puestos de tropel resultarían; la plata lo entretiene todo por ser mucha y moneda de ley, que si hacen mudanza con esto, y es otra razón muy fuerte, en un momento bajarán todas las rentas de dinero, porque les pagarán en esta nueva moneda, de suerte que el que se acostó con mil ducados de juro amanecerá con ochocientos o menos, conforme a la baja, porque los mil que le daban no le valdrán más entonces que antes los ochocientos, ni le darán más plata que en ellos le daban, en que entrarán iglesias, monasterios, hospitales, hidalgos, doncellas, etc., y será esto otro nuevo tributo harto malo de llevar sobre las demás gravezas que hay en este triste reino sin número y sin cuento; y ya se dijo que nuevo tributo no se debe ni se puede poner sin el consentimiento de los interesados.

A las razones en contrario digo a la segunda que al rey no le está bien sacar interés con tan graves daños de sus vasallos; demás de que, como queda deducido, nunca fue lícito ni aún seguro quitarles parte de sus haciendas, sea o no con poder o maña, que siempre donde uno gana otro pierde, y no hay que buscar invenciones o trazas en contrario de esto. A la primera razón digo que no es la causa principal de sacar del reino esta moneda ser ella más subida. Echase de ver esto en el oro, que aunque los escudos de Francia son más subidos que los nuestros y valen dos sueldos más que los de España cada uno, todavía hay en aquel reino una infinidad de los nuestros, que casi no se ve otra moneda. Las causas principales son dos: la una la necesidad que tiene España de las mercadurías de fuera, como de lienzos, papel, libros, metales, cueros, obrajes de toda suerte y aún a veces de trigo, y como de acá se pueden llevar mercadurías en tanta cantidad, forzosa cosa es que la plata supla su falta, porque no han de dar los extraños sus mercadurías de gracia; la segunda las pagas que su majestad hace fuera del reino, que seguramente pasan de seis millones por año, los cuales claro está que se han de recompensar con darles acá otra tanta plata a los que hacen las pagas y licencias para sacarla y llevarla donde el rey ha menester; que si todavía alguno pretendiere que la bondad de la moneda es una de las causas de sacarla, yo se lo otorgaré con tal que advierta que por el mismo caso que acá bajaren la plata, los extraños bajarán allá luego la suya mucho más, de suerte que siempre la nuestra quede mucho más subida; porque así como los extraños no pueden pasar sin nuestra plata, así no les faltarán trazas ni nadie les podrá ir a la mano para que no las hallen do sacarla, con que todo nuestro ruido e invención quedan frustradas de todo punto y en el aire.

Dirá alguno, pues ¿qué orden se podrá dar para atajar los daños que sienten de la moneda de vellón? Digo que no es acertado remediar un daño con otro mayor, que hay medicinas más dañosas que la misma enfermedad; digo más, que yo no sé otro remedio sino el de que en ocasiones semejantes se ha usado en otros tiempos, como consta de todas las historias, que es bajar en el valor esta mala moneda como la mitad o dos tercios, y si esto no bastare, consumirla toda el tiempo adelante. Lo uno y lo otro sería razón se hiciese a costa del que hizo el daño y llevó el interés; pero porque esta restitución es dificultosa y poco o, por mejor decir, nunca usada, tendría por menor inconveniente que fuese a costa de los que tuviesen dicha moneda, así el bajarla como el consumirla, que llevar adelante esta traza mala y errada, que no buscar nuevos arbitrios, tales como bajar lo plata, que no servirán sino de hundirlo todo y acabar con lo que queda, como se ha deducido bastantemente.

En fin, los quicios sobre que se menea toda esta máquina son los dos valores de la moneda de que se trató en el cap. 4.° de este tratado, que deben siempre andar ajustados; que es lo mismo que ser la moneda de ley, y todas las veces que los apartaren, como parece se hará si alteran la plata, caerán en graves inconvenientes irreparables, y más en la plata, por ser el oro poco y el vellón de suyo moneda tan baja.

Concluyo con añadir que en tiempo quo los ingleses estaban apoderados de gran parte de Francia, el príncipe de Gales, que tenía por su padre el gobierno en aquellas partes, año del Señor de 1368, por hallarse gastado por las guerras que hizo en Castilla en favor del rey don Pedro, quiso poner un nuevo tributo en aquellas ciudades, que en francés llaman *fuerge*, principio por donde la gente se desabrió y camino por donde los ingleses perdieron aquellos estados. Reclamaron algunas ciudades; otras, como la de Poitiers, la de Limoges y la de Rochela otorgaron, mas con tal que por espacio de siete años el príncipe no tocase en la moneda ni la alterase; así lo refiere Juan Florischart, historiador de aquel tiempo, francés, en la primera parte de sus *Crónicas*, fol. 85. En lo cual se ve que los príncipes acudían de ordinario a este arbitrio, más que siempre era en daño de los pueblos, y que siempre lo procuraban atajar, y así no sería mala traza cuando su majestad pidiere algún servicio de millones u otra cosa suplicarle

deje correr la moneda usual por el más largo
tiempo que se pudiere sacar.

12.- DE LA MONEDA DE ORO

En la moneda de oro hallo grande variedad. Dejo la de los emperadores de Roma, que en las suyas usaron de oro muy fino, como se echa de ver por las que de aquel tiempo han quedado. Por el contrario, los godos acuñaron sus monedas de oro muy bajo, de ordinario de doce quilates a trece no más, dado que algunas son de oro muy subido, y yo he visto una del rey Witerico de veinte y dos quilates. Tampoco no me quiero meter en lo que hicieron en esta parte los primeros reyes de León y de Castilla después que comenzaron a recobrar a España, porque no he visto monedas de aquellos tiempos ni para nuestro intento sería a propósito detenerme en esto; sólo apuntaré las mudanzas que en el oro se han hecho desde el tiempo de los reyes don Fernando y doña Isabel a esta parte, los cuales al principio de su reinado mandaron labrar moneda de oro fino de veinte y tres quilates y tres cuartos, que llamaron castellanos, de cada marco de oro cincuenta, que valía cada pieza cuatrocientos ochenta y cinco maravedís, y por consiguiente, todo el marco valía veinte y cuatro mil doscientos cincuenta maravedís; mas el marco de oro de la misma fineza en pasta y en joyas corría veinte y cuatro mil maravedís, y los doscientos cincuenta maravedís que valía más en moneda se repartían por partes iguales entre los oficiales de la casa de la moneda y el dueño del oro que se acuñaba. En este mismo tiempo el marco de oro de veinte y dos quilates en pasta valía veinte y dos mil maravedís, de suerte que salía el castellano por cuatrocientos cuarenta maravedís, que esta moneda en tal oro no se acuñaba en aquel tiempo.

Los reinos comarcanos traían el oro en los mismos quilates y precio, y así pasaban sin hallar inconveniente. Sucedió que algunos años adelante se abrió la carrera de las Indias y comenzó a venir oro en abundancia de aquellas partes. Los reyes comarcanos con la codicia de tener parte en nuestro oro bajaron el suyo, los unos de quilates, los otros de precio le subieron. Advirtieron acá esta traza, y para acudir al remedio no bajaron el oro de quilates, sino subieron el precio; así, los mismos reyes el año de 1497 en las Cortes de Medina acordaron que no se labrasen más castellanos, sino que se acuñasen dineros, que llamaron excelentes. De cada marco de oro de los mismos quilates que antes sesenta y cinco piezas y un tercio; el valor de cada pieza trescientos setenta y cinco maravedís; y por consiguiente, el marco de oro en moneda subió a veinte y cuatro mil quinientos maravedís, en pasta y joyas valía veinte y cuatro mil doscientos cincuenta. En el mismo tiempo subió el oro de veinte y dos quilates en pasta a veinte y dos mil y quinientos, y el castellano salía a cuatrocientos cincuenta.

Guardose esta orden algunos años, hasta tanto que se advirtió que los reyes comarcanos continuaban en bajar más su oro por esta razón. El emperador don Carlos dio orden en las Cortes de Valladolid, año de 1537, que el oro se bajase a veinte y dos quilates, y de cada marco se acuñasen sesenta y ocho piezas, que se llamasen coronas, en valor cada una de trescientos cincuenta maravedís, de suerte que el marco valía en esta moneda veinte y tres mil ochocientos maravedís. Del oro en pasta no se estableció nada cuanto al precio, sino que desde aquel tiempo anda como mercaduría, según se conciertan las partes; mas los orfebres siempre se guardan de no labrar oro de menores quilates que, o muy fino, o de veinte y dos, o por lo menos de veinte quilates, conforme a la ley 4.°, tit. 24, lib. v, parte I.ª de la *Nueva Recopilación*; de suerte que el oro en pasta ni en joyas no andaba ni anda siempre al paso del de la moneda, como se hace en la plata, bien que de ordinario se labra para venderlo de los veinte y dos quilates en que anda la moneda. Continuaban los extraños en sacar el oro, por ser el precio en que andaba bajo; acudió a esto el rey don Felipe II, y en las Cortes de Madrid, año de 1566, aunque dejó la moneda de las coronas de oro en la misma ley de los veinte y dos quilates y en el mismo peso, pero subió el precio de cada corona a cuatrocientos maravedís, con que el marco de oro en moneda llegó a valer veinte y siete mil doscientos maravedís, que es lo que hoy guarda, y el castellano vale diez y seis reales.

Puédese dudar si como la moneda de vellón se ha bajado, y si como, según se dice, tratan de bajar la plata, sería buen orden que también la de oro se alterase con bajarla uno o dos quilates, y subirla de precio, que todo se sale a lo mismo. Yo entiendo que cualquiera alteración en la moneda es peligrosa, y bajarla de ley nunca puede ser bueno ni dar más precio por la ley a lo que de suyo y en estimación común vale menos; y que cuanto más acá bajaren el oro, tanto más le bajarán en los reinos comarcanos, que bastantemente se echa de ver, porque cuatro veces que se ha hecho mudanza en el oro desde los tiempos de los reyes don Fernando y doña Isabel, toda esta diligencia no ha prestado para que no se saque el oro de España; demás que tanto podían bajar el oro, que la moneda de Castilla no corriese en otros reinos, o si la dejasen correr, sería a precio muy bajo, lo cual no sé yo si vendría bien con la grandeza de España.

Todavía entiendo que serían los daños muy grandes, si se alterase o subiéndola de precio o bajándola de quilates; muéveme a pensar esto ver que en pocos años diversas veces se ha alterado, como queda deducido, sin que se hayan sentido daños muy graves. El oro siempre es poco en comparación de la plata, ni es tan usual ni tan ordinario; así, no creo que serían los daños tan graves, si en este género de moneda se hiciese alguna mudanza. Yo entiendo que sería mejor que las cosas se estuviesen como se estaban, y que no tocasen en las monedas; y no veo que de lo contrario pueda resultar otro provecho sino el interés que se sacará para el príncipe, que no siempre se debe pretender, y más por este camino. Pero como la moneda de plata y de vellón fuese moneda buena, en el oro no repararía tanto con dos condiciones: la primera, que se haga por el término que conviene, es a saber, por el consentimiento de los vasallos, de cuyo interés se trata; la segunda, que la moneda sea siempre de ley y no de otra suerte.

Para que se haga esto y las monedas todas se ajusten en sus valores naturales, se debe poner la mira en el vellón, que el cobre, ora le echen plata, ora no, junto con el trabajo del acuñar, tenga en sí el valor de la plata que por él se da. Pongo ejemplo: que si un marco de cobre acuñado tiene de todas costas ochenta maravedís y no más, que no pase por doscientos ochenta como al presente se hace, porque todo lo que le suben en el valor, le sacan de ley. En la plata y oro se debe mirar que estos metales, como sean de la misma fineza, de ordinario tienen entre si proporción (duodécuplo), quiero decir, que un marco de oro vale por doce de plata; así lo dice Budeo, lib. III *De Ase*. Digo de la misma fineza, porque como el oro tiene veinte y cuatro quilates, la plata doce dineros, responde bien, así la plata de once dineros, el oro de veinte y dos quilates; digo de ordinario, porque esta proporción y analogía haría conforme a la abundancia o falta del uno de estos dos metales, como sucede en todas las mercadurías, que la abundancia las baja de precio y la falta las sube, que es la causa de no conformarse los antiguos en la proporción dicha del oro y de la plata. Lo que se ha de procurar es que si las monedas de oro y plata son iguales en el peso y la liga es la misma, que la de oro valga doce de la de plata, poco más o menos, como al presente se hace; pero si quisieren que la de oro, como una corona, corriese por diez y ocho reales de plata, todo aquel exceso sería sacar la de oro de ley, si no fuese que subiesen el oro de quilates y la plata la bajasen tanto, que se viniesen a proporcionar y a ser justo lo que de otra suerte sería desproporcionado y desordenado.

Finalmente, importa mucho que los príncipes no hagan granjería en la moneda y que para este efecto no la bajen de ley, si no quieren por el mismo caso que los de fuera y los de dentro, para entrar a la parte de la ganancia, la contrahagan y la falseen, sin que se pueda reparar este peligro e inconveniente.

13.- CÓMO SE PODRÍA ACUDIR A LAS NECESIDADES DEL REINO

Comúnmente decimos que la necesidad carece de ley, otros que el estómago no tiene orejas, que es forzoso comer. A la verdad las necesidades son tales y tan apretadas, que no es maravilla se desvelen aquellos a cuyo cargo están en buscar para remediarlas, y que como desvelados den arbitrios extravagantes cual parece éste, por las causas y razones alegadas. Dicen que si no contenta, será menester buscar otro u otros para suplir la falta y necesidad; a esto respondo que mi asunto no fue éste ni tengo capacidad para cosa tan grande, sino solo desacreditar esta traza como mala y sujeta a daños e inconvenientes irreparables; todavía quiero tocar aquí algunos medios que podrían ser más a propósito que ésta, y aún por ventura de más substancia.

El primero será que el gasto de la casa real se podría estrechar algún tanto, que lo moderado, gastado con orden, luce más y representa mayor majestad que lo superfluo sin él. Visto he una carta, cuenta de las entradas y salidas, recibo y gasto de las rentas reales en tiempo del rey don Juan el Segundo, año de 1429, en que la dispensa de gasto del Rey, el gasto del matrimonio, que son las raciones, y quitaciones, que son los salarios, todo no llega a ocho cuentos de maravedís; dirá alguno que esta cuenta es muy antigua, que las cosas están muy trocadas, los reyes muy poderosos, y por el mismo caso obligados a mayor representación, el sustento muy más caro, verdad es; pero todo esto no llega a la desproporción que hay de ocho cuentos a los que se deben de gastar hoy en la casa real. Vengamos a lo más moderno; digo que he visto otra carta, cuenta del año de 1564 de las dichas rentas reales en el tiempo del rey don Felipe II, nuestro señor, por la cual consta que en la casa de su majestad, en la del príncipe don Carlos y en la del señor don Juan de Austria se gastaban cada un año ciento diez y ocho cuentos. Dirás: ¿en qué se podría estrechar el gasto? Eso no lo entiendo yo; las que en ello andan lo sabrán; lo que se dice es que se gasta sin orden y que no hay libro ni razón de cómo se gasta lo que entra en la dispensa y en la casa.

La segunda traza sería que el Rey, nuestro señor, se acortase en las mercedes; yo no soy de parecer que el rey se muestre miserable ni que deje de remunerar a sus vasallos y sus servicios, pero débense mirar dos cosas: que no hay en el mundo reino que tenga tantos premios públicos, encomiendas, pensiones, beneficios y oficios; con distribuirlos bien y con orden, se podría ahorrar de tocar tanto en la hacienda real o en otros arbitrios de que se podrían sacar ayudas de dineros. Lo segundo advierto que no son las mercedes demasiadas a propósito para ganar las voluntades y ser bien servido. La causa es que los hombres más se mueven por esperanza que por el agradecimiento; antes cuando han engrosado mucho, luego tratan de retirarse a sus casas. No ha tenido Castilla rey más dadivoso que don Enrique IV; sin embargo , el reino anduvo tan alterado, que llegaron a tomar por rey al infante don Alonso, su hermano, y muerto él, a ofrecer el reino a la infanta doña Isabel, hermana de los dos. Cornelio Tácito, en el lib. XIX , al fin, dice que el emperador Vitelio, porque quiso más ganar amigos con hacer grandes mercedes que con las costumbres graves y buen trato, más los mereció que los alcanzó. De san Luis, rey de Francia, se escribe en la vida de Roberto de Sorbona, que fue su confesor y arcediano de Tornai, que como tratase de fundar en París el colegio de Sorbona, que en este género de letras es la obra más insigne que hay en el mundo, suplicó al rey le ayudase para el gasto; respondió el buen rey a esta demanda que era contento con que primero los teólogos, vistas las cargas del reino, acordasen hasta qué tanta cantidad se podía extender para ayudarle. ¡Oh gran rey y verdaderamente santo! Si para obra tan santa fue tan considerado, ¿qué hiciera para engordar gente sin provecho, para jardines y fábricas no necesarias? Es así, que el rey tiene el acostamiento del reino para acudir a las cosas propias; cumpliendo con ellas se podrá extender a otros gastos, y no antes ni de otra suerte. Veamos: si enviase yo a Roma a uno y le diese dinero para el gasto, ¿sería bien que lo gastase y diese a quien se le antojase o que se mostrase liberal de la hacienda ajena? No puede el rey gastar la hacienda que le da el reino con la libertad que el particular los frutos de su viña o de su heredad.

Item, que el rey evite, excuse empresas y guerras no necesarias, que corte los miembros encancerados y que no se pueden curar. Buen consejo fue el que tomó el rey don Felipe II, nuestro señor, en dividir lo de Flandes, si lo apartara más y lo hiciera antes que yo vi aquellas tierras; las di por desesperadas. Los chinos, como cuenta Mateo al principio del lib. VI de su historia, sangraron su imperio y apartaron de él lo que no podían bien gobernar; lo mismo se cuenta del emperador Adriano que abatió la puente que su predecesor levantó sobre el Danubio, el cual río y el Eúfrates quiso por las partes del septentrión y levante fuesen los mojones y linderos del imperio romano.

El cuarto aviso sea que el rey haga visitar sus criados en primer lugar, luego todos los jueces y que tienen oficios públicos o administraciones. Punto detestable es éste y que se debe en él caminar con tiento; pero es cosa miserable lo que se dice y lo que se ve; dícese que de pocos años acá no hay oficio ni dignidad que no se venda por los ministros con presentes y besamanos, etc., hasta las audiencias y obispados; no debe ser verdad, pero harta miseria es que se diga. Vemos a los ministros salidos del polvo de la tierra en un momento cargados de millaradas de ducados de renta; ¿de dónde ha salido esto sino de la sangre de los pobres, de las entrañas de negociantes y pretendientes? Muchas veces, visto este desorden, he pensado que como los obispos entran en aquellas dignidades con inventario de sus bienes a propósito de testar de ellas y no más, así los que entran a servir a los reyes en oficios de su casa o en consejos y audiencias lo hiciesen, para que al tiempo de la visita diesen por menudo cuenta de cómo han ganado lo demás. Yo aseguro que si abriesen esos vientres comedores, que sacasen enjundia para remediar gran parte de las necesidades; dícese que los que tratan la hacienda real entran a la parte de los prometidos, que son grandes intereses; lo mismo los corregidores por su ejemplo o los ministros, demás que venden las pragmáticas reales todos los años para no ejecutarlas, rematan las rentas y admiten las pujas y las fianzas de quien de secreto les unta las manos. No se acabarían de contar los cohechos y socaliñas; en particular se sabe que un privado del rey pasado supo que querían subir las coronas de trescientos cincuenta maravedís en que andaban a cuatrocientos, recogió el oro que venía de las Indias y sacó grande ganancia.

Acuérdome de haber leído en la *Crónica* de uno de los postreros reyes de Castilla, creo que don Juan el Segundo o su padre don Enrique III, que un día su almojarife mayor, que era un judío, le dijo: «*¿Por qué no os entreteneis y jugais?*» Respondió el Rey: «*¿Cómo queréis que lo haga que no alcanzo cien ducados?*» Disimuló el judío, y otro día en buena ocasión dijo al Rey: «*Señor, la palabra que me dijísteis el otro día me ha punzado, porque entiendo la dijísteis contra mí; pero si me dais la mano, yo os allegaré grandes haberes*». Otorgó el rey con lo que decía; pidiole tres castillos para allegar el dinero y que sirviesen de prisiones. Con esto visitó los tesoreros de las rentas reales, halló que pagaban libranzas reales a costa, cuándo de la tercera parte, cuándo de la cuarta, como se concertaban con las partes; averiguado esto, llamaba los interesados, decíales si se contentaban con la mitad de aquel cohecho, y dejar para el rey la otra mitad; venían ellos fácilmente en ello por pensar se hallaban lo que el judío les ofrecía que lo tenían por perdido; con esto prendía al tesorero y a sus fiadores, y no los soltaba hasta tanto que enteramente pagaban, con que juntó para el rey gran tesoro.

¡Oh si se usase hoy de esta maña! Yo aseguro que se sacase gran dinero, porque como los tesoreros compran los oficios, que es grande daño, quieren pagar a costa de las libranzas y juros particulares; el dinero que cobran pónenlo en una granjería, y acaece no pagar en dos ni en tres años, y los que mejor lo hacen, llevan uno o dos tercios atrasados, y aún de lo que pagan dos o tres por ciento por la paga, como se conciertan con la parte; desórdenes que se podrían atajar con visitarlos y penarlos como está dicho. Verdad es que no hay ninguno de éstos que no tenga quien le haga espaldas en la casa real y en las audiencias que deben entrar a la parte, que es otra miseria y daño; sobre todo convendría que las rentas reales y hacienda se administrasen bien y como al presente va, se tiene por cierto que de un escudo no llega a poder del rey medio; como pasa por muchas manos, en cada parte deja algo. El rey don Enrique III de pobrísimo que era, tanto, que aconteció no tener dineros ni crédito para comprarle un poco de carnero, como se cuenta en mi *Historia*, lib. XIX, cap.

14, con mirar él y su hermano el infante don Fernando por sus rentas, llegó y dejó a su hijo gran tesoro.

La sexta traza sería cargar las mercadurías curiosas, como brocados, sedas, especias, azúcares y lo demás, y de que por la mayor parte usan los ricos; así lo hizo Alejandro Severo en Roma, de que ha sido siempre muy alabado. Hágase así sobre tapicerías, imaginerías y telas de toda suerte que viene de fuera; porque o no vendrían, o dejarían al rey parte de las grandes ganancias que sacan de España.

No me quiero extender más en este punto que tengo tratado más largo *De reg. et reg. Institut.*, lib. III, cap. 7.°; sólo añado que sin duda de cualquiera de estos arbitrios por sí se sacarán más intereses que los doscientos mil ducados que promete cada un año el papel impreso que yo he visto en favor de la moneda de vellón, y aún no sólo la ayuda sería mejor sin ofensión del pueblo, antes gran agrado de la gente y ayuda de los pobres y miserables. Si alguno dijere no es maravilla si de presente se acude al arbitrio de que tantos reyes de Castilla, como de suso dijimos, se ayudaron; podríamos responder que las rentas reales eran diferentes, no tenían alcabalas ni Indias ni millones ni estanques ni cruzadas ni subsidio ni maestrazgos; los aprietos eran más graves; los moros a las puertas, debates y guerras con los reinos comarcanos, los ricos hombres alborotados; al presente todo sosegado dentro, en lo de fuera no me quiero embarazar.

En Francia el rey Francisco, el primero de este nombre, el año de 1540 bajó los sueldos, moneda muy usada en aquel reino, como nuestros cuartillos o tarjas; pasó en esto adelante el rey Enrique, su hijo, que la añadió más liga, y aún su nieto Carlos IX la bajó de ley y de peso; las apreturas eran grandes a la verdad; sin embargo, los daños tan graves por esta causa, que no tienen ni tendrán que llorar duelos ajenos, alterada en gran parte la religión, la gente pobre y consumida y forzada en gran número a desterrarse de su tierra y entrarse por puertas ajenas.

No dejaré de acordar aquí lo que en mi *Historia* refiero, lib. XXIX, tit. 21. Trataba el emperador Maximiliano y el rey Católico de concertarse sobre el gobierno de Castilla, que ambos pretendían por la muerte del rey archiduque don Felipe y la dolencia de su mujer la reina doña Juana; pedía entre otras cosas el César para sí que le ayudasen estos reinos en cien mil ducados de contado. Respondió el rey Católico que no se podía otorgar con esta demanda, por cuanto el patrimonio real se hallaba empeñado en ciento ochenta cuentos. Cosa maravillosa, las rentas no eran la mitad que al presente, las empresas las mayores que tuvo jamás España y las guerras; vencieron a los portugueses, ganose el reino de Granada, abriose la carrera de las Indias, las costas de África, reinos de Navarra y Nápoles conquistados, fuera de sosegar el reino y de las otras guerras de Italia, en que siempre se tuvo parte. Con todo eso se queja el buen rey de estar empeñado en quinientos mil ducados; como tan discreto medía el gasto con el recibo, y no quería pasar un pie adelante.

Ni basta responder que los tiempos están mudados, sino los hombres, las trazas y las costumbres y el regalo, que todo esto nos lleva a tierra si Dios no pone la mano; esto es lo que yo entiendo, así en este punto como en todos los demás que en este papel se tratan, en especial acerca del principal, que es este arbitrio nuevo de la moneda de vellón, que si se hace sin acuerdo del reino, es ilícito y malo, si con él, lo tongo por errado y en muchas maneras perjudicial. Si acierto en lo que digo, sean a Dios las gracias; si me engañó mi buen celo, merece perdón, que por alguna noticia que tengo de cosas pasadas me hace temer no incurramos en graves daños, que con dificultad se pueden atajar. Si alguno se desabriere de lo que aquí se dice, advierta que no son peores las medicinas que tienen del picante y del amargo, y que en negocio que a todos toca, todos tienen licencia de hablar y avisar de su parecer, quier que sea errado, quier acertado. Yo suplico a nuestro Señor abra los ojos a los que ponen las manos en el gobierno de estos reinos y los dé su santa gracia, para que sin pasión se dejen convencer de la razón, y visto lo que conviene, se atrevan a ejecutarlo y aconsejarlo.